八闽教育名家系列丛书编委会

学术顾问：周洪宇　黄书光　张亚群　李　迅

丛书主编：黄仁贤

编　　委：吴明洪　涂怀京　陈明霞　杨卫明　杨来恩

　　　　　周志平　方彦寿　赖一郎　董　洪

八闽教育名家系列丛书

丛书主编：黄仁贤

八闽教育名家文选

当代卷（三）

涂怀京 周志平 | 主编

海峡出版发行集团 | 福建教育出版社

图书在版编目（CIP）数据

八闽教育名家文选. 三，当代卷/涂怀京，周志平主编. —福州：福建教育出版社，2025.8. —（八闽教育名家系列丛书/黄仁贤主编）. —ISBN 978-7-5758-0240-6

Ⅰ. G40-53

中国国家版本馆 CIP 数据核字第 20249VJ901 号

八闽教育名家系列丛书
丛书主编：黄仁贤
Bamin Jiaoyu Mingjia Wenxuan·Dangdai Juan（San）

八闽教育名家文选·当代卷（三）
涂怀京　周志平　主编

出版发行	福建教育出版社
	（福州市梦山路27号　邮编：350025　网址：www.fep.com.cn
	编辑部电话：0591-83779615　83726908
	发行部电话：0591-83721876　87115073　010-62024258）
出 版 人	江金辉
印　　刷	福州德安彩色印刷有限公司
	（福州市金山工业区浦上标准厂房B区42栋）
开　　本	710毫米×1000毫米　1/16
印　　张	13
字　　数	178千字
插　　页	2
版　　次	2025年8月第1版　2025年8月第1次印刷
书　　号	ISBN 978-7-5758-0240-6
定　　价	39.00元

如发现本书印装质量问题，请向本社出版科（电话：0591-83726019）调换。

丛书总序

刘海峰

在福建这片被武夷云雾与东海涛声滋养的土地上，文明之脉绵长，教育之树常青。当我们将目光投向八闽大地的历史星空，那些在中国教育史上璀璨的名字便如星辰般浮现——从闽中走向全国的理学大师朱熹，到近代教育救国的先驱严复，八闽大地教育名家群星闪耀，彪炳史册。

我在1996年出版的《福建教育史》一书的绪论中，曾概括出福建教育史上七个独具特色的方面：其一为朱熹讲学与福建书院的兴盛，其二是宋明两代成为科举大省，其三是台湾士人参加福建乡试，其四是福建船政学堂为全国洋务学堂的先导，其五为教会办学的首要省份之一，其六为华侨办学的典型省份，其七为东南沿海抗战时坚持办学的代表省份。福建教育史上不仅有许多独具特色的方面，而且出现过许多教育名家，其中有不少在全国都有很高的知名度，在中国教育史上占有一席之地。

唐中宗神龙二年（706年），长溪（今属福建福安）人薛令之考中进士，成为破福建科举天荒的开闽进士。中唐以后，经历过李椅、常衮等人的几次兴学活动，参加科举者明显增加，林藻、欧阳詹等人相继登第，福建从被视为"闽人未知学"逐渐变为每年考上进士比肩中原的地区。宋代福建教育和科举特别兴盛，《宋史·地理志》将"多向学，喜讲诵，好为文辞，登科第者尤多"列为福建的重要特点。宋代进士总数有4万名左右，福建进士人数有

7000人左右，为全国第一，且遥遥领先于其他地区。在两宋118名状元中，福建人占20名，也为全国之冠。北宋太平老人《袖中锦·天下第一》在罗列当时全国的工艺及农、林、牧、渔著名产品之后，将"福建出秀才"的社会现象也列为天下第一。因此，宋代有"龙门一半在闽川"的说法。

从宋代到清代，福建的著名人物和教育家多数是进士出身。尤其是朱熹，不仅是南宋集理学之大成的思想家、哲学家，而且是中国历史上最著名的书院教育家，对元明清教育和科举考试有重要影响。朱熹所作《四书章句集注》和朱熹及其门人所注"五经"在元代以后成为科举考试的主要教材，这也是明代福建士人在科场中占有优势因而中进士者较多的一个原因。朱熹一生大部分时间在福建讲学论道，将儒家伦理注入八闽文脉。"海滨邹鲁"虽然是不少沿海地区喜用的美称，但用来形容八闽大地的确名副其实。

近代以后，作为东南沿海省份，福建是较早接触西学的省份之一。1902年出版的《急悃斋新科闱墨选本》序说："八闽之地，古称蛮荒，今乃文化过乎中原。以此邦人士多留寓海外，其智慧开通者早也。"严复将"物竞天择"的现代性焦虑转化为教育救国的紧迫感，陈嘉庚抱持"教育为立国之本，兴学乃国民天职"的信念倾资办学，许多八闽教育名家领风气之先，在全国有重大影响。他们或以思想照亮混沌，或以实践开辟新途，共同构筑了福建教育的精神谱系。

教育是文明延续的津梁，是强国建设的基石。在实现中华民族伟大复兴的征程上，教育承担着培养时代新人的神圣使命。八闽教育名家身上体现的教育精神和文化理念，是福建地域文化和中华优秀传统文化的重要组成部分。他们的教育思想如闽江之水，既有源头活水的清澈，又有海纳百川的包容；他们的教育实践如土楼之基，既扎根于传统文化的厚土，又指向现代文明的苍穹。2023年，福建教育出版社便告诉我在策划一套"八闽教育名家系列丛书"，当时我就认为很有意义。丛书是对福建教育史优秀传统的致敬与梳理，更是对福建未来教育发展的启迪与期许。

本丛书所收录的教育名家，皆为福建教育史上著名的教育理论家或实践家，我与当代八闽教育名家中的高时良、陈本铭、潘懋元、孙培青等先生还有过不少交往，印象深刻。于今黄仁贤教授主编的这套"八闽教育名家系列丛书"已经完稿，丛书不仅记录教育名家的历史，收录他们的代表性论著，更试图搭建一座连接过去与未来的桥梁。丛书的出版将吸引更多学者关注八闽教育历史与文化，从历史纵深中理解教育的本质和教育家精神，并从中汲取教育经验与智慧，为当今的教育改革实践提供历史资源和思想资源。

八闽大地，名家辈出。丛书面世，可喜可贺。是为序。

编校凡例

1. 编写方式。全书选取历代八闽教育名家代表性作品编辑成册,分为古代卷、近现代卷、当代卷。各卷以教育名家为纲,辑选各篇文章分列于后。每篇选文前有"题解",由选编者对各位教育名家生平事迹和各篇选文的背景与内容做简要介绍。

2. 选文版本。各名家文选,依据各人已刊行、已出版的文集或已公开发表的文章进行编辑整理。所据文集版本,古代卷多为四库全书本或点校整理本,其他各卷则多为现代通行本。

3. 编校原则。编辑时,为尊重原作品的内容结构与作者的行文习惯,只对选文做必要的技术处理。

4. 文字规范。全书使用通用规范文字,原文繁体字改为简体字,异体字改为正体字;"的""得""地""底"等用词习惯,一仍其旧。

5. 错漏校勘。原文排印有明显的错、讹、漏、衍、倒之处,直接改正,不出校记。作者偶有误用别字者,则括注正字。原文漫漶不清者,以□依数标记。

6. 标点规范。原文无标点的,整理时加上标点;原文标点与新式标点不符的,予以修订。

7. 译名规范。原文专门术语,外国人名、地名等,与今通译名有异的,保留原样,在首次出现时加脚注说明。

8. 数字规范。原文中的数字、序码、日期等,一般不予更动。文选当代卷中,统计数值较大者,为便于阅读,改为阿拉伯数字。

9. 统一注释。对原文部分生僻词与专业术语等,进行注释说明,格式统一采用页末脚注。当代卷原有注释保留,以脚注或括注呈现,有需要补充说明的,加编者注。

10. 选文出处。为方便读者阅读参考索引,统一在各篇选文文末标明来源出处。

目 录

冰 心 …… 1

"破坏与建设时代"的女学生 …… 4
漫谈语文的教与学 …… 10
我的大学生涯 …… 12
当教师的快乐 …… 20
无士则如何 …… 22
忆读书 …… 25

余宝笙 …… 28

祖国，母亲！ …… 32
余宝笙院长在开学典礼上的讲话 …… 36
余宝笙院长致词 …… 39
余宝笙院长贺词 …… 40

高士其 …… 42

菌儿自传——我的籍贯 …… 43
细菌与人——谈细胞 …… 45
抗战与防疫——战时更须加紧布防 …… 48
生命的起源 …… 51
漫谈粗粮和细粮 …… 65

蔡尚思 …… 71

孔子的教育思想·以培养"君子"为办学宗旨 …… 75
朱熹的书院教育与礼教思想 …… 80
王船山学术思想资料分类选评·教育思想 …… 88
梁漱溟思想的评介·教育思想 …… 92
陶行知、杨贤江反礼教的教育思想 …… 96

邓 拓 ······ 102

珍爱幼小的心灵 ······ 104
不求甚解 ······ 106
多学少评 ······ 108
学习需要指导 ······ 110
学问不可穿凿 ······ 112
讲一点教授法 ······ 114

卢嘉锡 ······ 117

当代科技发展与高等教育的教学改革 ······ 118
关于加强学术领导和培养人才 ······ 126
"毛估"的思维方式 ······ 132

沈 元 ······ 136

自学要注意打好基础 ······ 138
回忆联大航空工程系 ······ 141
加强基础 开发智力 改进管理 加速传统工业的技术改造 ······ 144

项 南 …… 147

我把福建情况告诉你们 …… 149
做一件切实的工作 …… 155
把科学和教育作为一个战略重点 …… 158
论以智取胜 …… 160

王于畊 …… 164

关于提高全日制中学教学质量的几个问题 …… 167
解放思想 研究问题 …… 176
致陈君实校长的几封信 …… 179

汪国真 …… 189

热爱生命 …… 192
我微笑着走向生活 …… 193
感 谢 …… 194
倘若才华得不到承认 …… 195
我喜欢出发 …… 196

冰　心

【题解】

　　冰心（1900—1999），原名谢婉莹，福建长乐人，中国近现代作家、诗人、翻译家、社会活动家，笔名冰心，取自诗句"一片冰心在玉壶"。大学期间，冰心曾修习社会学、教育学、心理学等课程。1919年8、9月的北京《晨报》，先后发表冰心的第一篇散文《二十一日听审的感想》、第一篇小说《两个家庭》和第一篇教育议论文《"破坏与建设时代"的女学生》。1923年冰心出国留学前后，开始陆续发表总名为《寄小读者》的通讯散文，这些散文成为中国儿童文学的奠基之作。"世纪老人"冰心，因其多领域的宏富著述，也被称为世纪作家、世纪教育哲文的演绎家和精撰者。

　　《"破坏与建设时代"的女学生》发表于1919年9月的《晨报》。冰心提出，在风气初开的时候，在"自由""平等""革命"弥漫于一般青年心里的时候，在"破坏与建设时代"来临的时候，"中国女学生"若要"有我们自己修养的工夫"，"得社会的信仰"，"造成中国女子教育的新基础"，必先做到以下十点：1. 衣裙的颜色要稳重、雅素，样式要用平常、简单的；2. 言论要挑那实用、稳健、开导性的题目；3. 远离剧场、游艺园等最能"扰乱我们的思想"的地方；4. 以学术演讲会、音乐会、古物陈列所来"清洁疏散我们的脑筋，活泼我们的思想"；5. 将诸如《新中国少年之模范》之类有价值的书籍、杂志、新闻放在手边，以利随时翻阅；6. 时时注意国内国际的"新潮流""新知识""新发明",锤炼出"我们各人的"眼光、意见、判断、文字和思想;7. 将对"天然之美"拔俗出尘的"感想"和"理解",用文字写出来,以练成随时随地注意研究宇宙万物的惯性;8. 体认到"朋友"有左右我们"意志""思想"的能力;9. 应当借着校内的"恳亲会""毕业会""音乐会"等场合与社会接近,但男女"团体"和"个人"的交际似乎不必多所接近;10. 我们建立事业的"目的",要从根本上做起,从那最需要的着手进行。冰心着意提出的这女学生"十要",是她自己在五四运动时期的切身感悟,寄予了她对女学生在如火如荼的新文化、新教育、新青年运动中能进行扬弃和创新的热望。

冰心所撰《漫谈语文的教与学》,开宗明义地指出,语文教学的基本任务,在于"使学生正确地掌握系统的语文基础知识,培养和提高学生的阅读和写作能力"。为此,她主张语文教材的编选,应当"思想性第一",在这个前提下,应选那些情文相生、艺术性最强、最有示范性的文章,这类文章中表达思想的文字就像是纱灯里的烛光,"若是里面的烛光很亮,这盏纱灯上的美丽的图画,就会映射得纤毫毕现"。冰心还提出,应将报道国内外重大事件的优秀文章和好的译文,放入活页式的阅读资料,"让心灵活泼、容易接受新事物的中学生们尽早地读到"。冰心恳挚希望"青出于蓝而胜于蓝",但又同时谆告"语文的教和学中一切的一切,都要两条腿走路":教师这一方,要注重培养、启发、勉励,教学生怎样读怎样写;学生这一方,"勤钻苦干也更要紧",要多读、细读、熟读,并常做笔记,"世界上没有不劳而获的东西","如果不痛下功夫,阅读和写作能力还是不会提高的"。

在《我的大学生涯》一文的回忆里,冰心说自己的大学生涯是"最惬意的","是我一生中最热闹、最活跃、精力最充沛的一段","理科的功课是严谨的",紧张而严肃","改入文科以后,功课就轻松多了",于是加入了燕大女校"学生自治会",负责邀请名人来学校并主持演讲会,"记得请过鲁迅先生、胡适先生,还有吴贻芳先生……"。冰心在表演老北京的婚礼仪式和童话剧《青鸟》中都扮演主角,"我却没有因此而耽误了学习和写作"。在周作人指导下,冰心的毕业论文《元代的戏曲》获通过,"除了得到一张学士文凭之外,还意外地得到了一把荣誉奖的金钥匙",且因表现优异获得了每年八百美元奖学金赴美国威尔斯利女子大学攻读硕士学位的机会。冰心的大学生涯成果累累,收获了多方面的能力,取得了学士学位,开始走向硕士学位,并升华了对家国深切的爱。眷恋"可爱的海棠叶形的祖国"的她,在1923年赴美留学所乘杰克逊总统号邮轮上深情赋诗:"她是翩翩的乳燕,横海飘游,月明风紧,不敢停留——在她频频回顾的飞翔里,总带着乡愁!"

冰心在《当教师的快乐》一文中,记下了自己留美回母校燕京大学担任国文系讲师的快乐:把所在班级的大学生们当作自己的弟弟妹妹,逐一纠正来自闽粤学生的口音,给学生出第一道写自传的作文题目,常与学生做半小时的课外交流,开习作课教学生练习写各种文学形式的文字,期末考试让学生每人交一本不限种类的刊物;在未名湖上划船,在水中央的岛边石舫上开讨论会,有时进行学生个人择业与择婚问题的个别谈话。我们看到,年轻的大学教师冰心,既是一个偶尔"惶恐"的 Faculty Baby(教授会的婴儿),也是一位乐做"大媒"的 Student King(学生王)。在此文中,冰心其实既谈及尊师,也说到爱生,不过她最认同"'师'和'生'应当是互相尊重互相亲爱的朋友"。

《无士则如何》一文写于1988年。就"无农不稳""无工不富""无商不活""无兵不安"这类历代相传的观点,冰心认为这些都对,概括得也很准确,"可惜尚缺一个重要方面——无士怎么样呢"? 时任全国政协常委的她,向一些同志提出过这个问题,后来有一家报刊把她提的这个问题公开发表,引起了社会的广泛回响。她"恕我没有征求他们的同意"摘录了江西南昌、黑龙江齐齐哈尔、四川成都三位读者写来的信件,对他们不约而同所答的"无士不兴""无士不昌"表示同意:"可见人同此心,心同此理。"冰心清晰记起五四运动时期国事蜩螗之际先进知识分子高举民主和科学的大旗,勇敢地向封建势力、军阀势力和帝国主义势力冲击的情景,揭开了"现代史页"。她诚挚"希望领导者和领导部门谛听一下普通群众、普通知识分子的心声,更要重视'无士'的严重而深远的后果",切实把提高全民族文化素质提上重要议事日程,重视文化知识,重视知识分子,持续发展社会生产力,书写好中国的当代史页。

在《忆读书》一文中,上学启蒙没几年就被国语老师赞为"柳州风骨,长吉清才"的冰心,晚年饶有兴致地回忆、阐论起了亘古不歇的"读书"话题,认为"读书是我生命中最大的快乐",热忱鼓励少年儿童"读书好,多读书,读好书"。一方面,冰心很看重贯注于读书全过程的兴趣与决心:舅父讲桃园结义半小时后就停下干公事去了,她只能带着"无限悬念""含泪上床";咬牙拿起《三国演义》,"自己一知半解地读下去,居然越看越懂";阅读文言《聊斋志异》"对于我的作文课很有帮助";她尤其欣赏官逼民反的《水浒传》,林冲、武松、鲁智深等人"都有其自己极其生动的风格"。另一方面,冰心也很庆幸"从读书中我还得到了做人处世的'独立思考'的大道理",读《三国》悟到了"分久必合,合久必分"的至理,读《精忠说岳》能把岳武穆壮怀激烈的《满江红》从头背到底,读《红楼梦》尝到了"满纸荒唐言,一把辛酸泪"的"一个朝代和家庭的兴亡盛衰的滋味"。冰心还教导年轻人对书要"会挑选、比较。比如说看了精彩的《西游记》就会丢下烦琐的《封神榜》,看人物如生的《水浒传》就不会看索然无味的《荡寇志》",对质朴明快、满带真情实感的篇章可以"心动神移",对堆砌词句、无病呻吟的文字则不妨"从脑中抹去"。

"破坏与建设时代"的女学生

"女学生"这三个字,是近数十年来发生的新名词。社会上对于这三个字,眼光不同,观察不同,对待不同。大约可以分为三个时期。

崇拜女学生的时期。这个时期,大约在风气初开的时候。"自由"、"平等"、"革命"等等的名词思想,弥漫于一般青年的心里。同时这"女学生"、"女子参政"、"男女开放"等名词也随着入到中国。这时候社会所观察的"女学生"和"女学生的模范表式"是欧美"女学生的模范表式",看见她们怎样的文明,怎样的高尚,怎样的得社会赞同信仰,以及女学生怎样的图谋"参政选举"、"男女开放",都羡慕惊叹得了不得。因此就生出许多的"中国女学生"来,她们的"目的"、"思想"、"行动",都是完全的模仿欧美女学生"模范表式",便也竭力得图谋"参政选举"、"男女开放",推翻中国妇女的旧道德,抉破中国礼法的藩篱。种种嚣张的言论行为,也居然可以得一部分"不明外情的人士"的赞赏。于是这女学生便愈出愈多,就闹出种种可怜可笑的事实,大受旧社会的鄙夷唾骂。那些新人物也看出"欧美女学生"的言论行为,和"中国女学生"的言论行为,是大不相同的,于是他们也讥笑"中国女学生",说她们无资格无价值。这"女学生"三个字变成了女界中最不良分子的别名,这就是中国女学界最黑暗的时代。也就使社会对待女学生的心理,转入厌恶女学生的时期(即第二时期)。当这个时代,女学生的名誉,既然一落千丈,这入校求学的女子就少了许多。因为不问是新旧人物,都觉得这女学校,是一个"女子罪恶造成所",不愿意他们的子女去沾染这样的恶习,败坏了自己的名誉。可怜那些真心求学的分子,便受了不良分子的拖累,只得仍去受那"旧家庭的教育"。这时代中国女子教育的一线曙光,已经是摇摇欲灭的了。然而……假如世界上没有"黑"就不能显出"白";假如世界上没有"恶"就不能显出"善";假如没有"第二时期的女学生",就不能够产出使社会注意的"第三时期的女学生"。

我写到这里,心中充满了快乐与希望,要笔歌墨舞,大声疾呼的对社会说:"你们所厌恶的女学生,已经过去了!你们所崇敬的女学生,已经渐渐出来了!"因为"第三时期的女学生"的"目的"、"思想",渐渐的从空谈趋到实际；她们的"言论"、"行为"渐渐的从放纵趋到规则；她们的"态度"渐渐的从浮嚣趋到稳健。"第一时期女学生"的前车不能不使她们惊心动魄，发愤自强，要竭力的挽回社会厌恶女学生的心理，要竭力的造成中国女子教育的新基础，要引导将来无数的女子进入光明。破坏也是她们，建设也是她们。她们不能不惹起社会的注意，因为她们所担负的，是二万万女子万世千秋的大幸福。这幸福可以被她们捧上九霄。也或者被她们推落地下。这是艰苦卓绝的事业。这是很有希望的事业。看呵！这等的事业，是何等的庄严，何等的灿烂！

怎么样方能作成这样的事业？就是要得社会的信仰。怎样方能得社会的信仰？就不能没有我们自己修养的工夫。

写到这里，不禁叫我十分惭愧。因为我自己也是一个"第三时期的女学生"。以下所要说的"消极条件"，我自己还没有完全除去。那"积极条件"也还没有完全进行。如何敢说出来，请别人采用呢？

我已经没有"振笔直书"的勇气了。忽然又想起孔子所说的两句话："己欲立而立人，己欲达而达人"。这两个"欲"字，实在用得有意思。因为这"欲"字不过是愿意，是盼望，并没有说必须自己做到以后才可奉劝别人，不然孔子为何不说"己能立而立人，己能达而达人"呢？

既然孔子在三千年前说下这两句话为我解围，也不由得我不往下写了。

以下所说的各节，本来应当分出条目，但是我不愿意拿"条目"去束缚限制我的思潮，也因为我是想起一段意思，就写出一段来，所以就也不分"条目"了。

1. 我常见得有些女学生，在应酬宴会的地方，她们的装饰，十分惹人注目，不中不西，不新不旧，那一种飞扬妖冶的态度，还是带着"第一时期女学生"的色彩。这是最能打倒"社会的信仰心"的色彩，这是最危险的色彩。因为社会要凭着服饰断定我们的人格，因此我们对于交际上的服饰，不能不有节制。就是衣裙的颜色要用"稳重的"、"雅素的"，样式要用"平常的"、

"简单的"。至于首饰也是这样,除了有用的如手表之类,其余晶莹闪烁的珠钻玉石,反足以贬损我们女学生的价值,总以不用或少用为好。

2. 我们也要避去那些"好高骛远"、"不适国情"的言论。因为这种的言论,社会已经从"第一时期女学生"的口中,听得厌烦了。并且也觉得没有价值了。不但不能改换社会的眼光,反要惹社会的轻藐讥笑。因此我们要挑那"实用的"、"稳健的"如"家庭卫生"、"人生常识"、"妇女职业"这种的题目,去开导那些未得着知识的社会妇女。不但可以收实效,并且也是积极的治本办法。

3. "剧场"、"游艺园"这等的地方,都含着有"喧嚣华靡"、"光怪陆离"的意味,最能刺激我们的神经,扰乱我们的思想。它在人脑中的印象,能够遗留到数十小时(有时还可以延长),这数十小时的刺激扰乱,就不能不损害我们沉静的脑筋,优美的思想。所以这种的刺激扰乱,要是常常的与我们接触,就是一件最危险的事情。我们应当防备。不要走到"不正当的刺激"里面去。

4. 同时也要以"学术演讲会"、"音乐会"、"古物陈列所"和"隔绝尘嚣的园林"这种的地方去替换这"剧场"、"游艺园"。因为这一类的地方,是"正当的"、"趣味的"、"高尚的",能以清洁疏散我们的脑筋,活泼我们的思想,使我们的学问知识有"课本"以外的增益辅助。这是造成我们、修养我们的"正当的刺激",我们不可不常常领受的。

5. 我们到了脑筋疲倦的时候,往往随意的将"课本"以外的书籍取来阅看。因此这书籍就成了常和我们亲近的一种消遣品。因为我们既然以它当作消遣品,没有什么大关系,也就没有严格的选择。然而,这书籍"刺激神经"、"扰乱思想"的程度比"剧场"、"游艺园"更要高些,力量也就大些,结果能够移动我们的意志,变迁我们的思想。曾记得从前我的书桌上面,无意中放了一本《新中国少年之模范》,和一本《西游记》,有时我随手拿起《新中国少年之模范》来疏散脑筋,这一天的思想,便拘谨一些。要是拿起

《西游记》，这一天的思想，便荒诞一些。以后我自己觉得奇怪，为何我的思想常常的变动？细细推想，才知道是这两种书籍在无意中左右的支配我。以后便试将《西游记》放在不常接触的地方，这荒诞的思想，便不来扰乱我的脑筋了。因此我确信我们若是将各种有价值的"新闻"、"杂志"，放在接近的地方，使我们随手翻阅的时候，都是这种的消遣品，那无形中的裨益，便比"学术讲演会"、"音乐会"更是不可限量的了。

6. 我们更要时时注意到世界的"新潮流"、"新知识"、"新发明"、"世界和国家的大事"和"欧美近代女子教育的趋势"、"我国妇女界今日的必需"。同时我们不能不有我们各人的眼光，各人的意见，各人的判断，然后用文字写记下来。这样便于我们的"思想"、"文字"和将来的"服务"上，都是有很大的益处的。对于第四条的"学术讲演会"、"古物陈列所"和第五条的"新闻"、"杂志"也最好有同样的笔记。

7. 春天的花，秋天的月，江边晚霞的颜色，出山泉水的声音，以及宇宙间形形色色都是"天然之美"，非常的华妙庄严，最合于女子的心理。在这时也最容易生出一种拔俗出尘的"感想"和"理解"。同时如能够将这"感想"和"理解"，用文字写出来，便是"没有一毫刻画造作，极其可爱"的"天籁"、"人籁"。这不但是一种最高尚的消遣方法，也能练成我们随时随地注意研究宇宙万物的惯性。并且能以引导我们的"思想"、"文字"，渐渐的趋到活泼神妙的境界里去。对于第四条的"音乐会"、"隔绝尘嚣的园林"也应当有同样的笔记。

8. "朋友"也有左右我们"意志"、"思想"的能力。这个题目已经过中西古今的人物讨论得十分透彻，再说也没有意思了。

9. 我们应当借着校内的"恳亲会"、"毕业会"、"音乐会"等等与社会接近。因为这是"秩序的"、"精神的"、也是"庄严优美的"感情。能以使社会起敬起爱的。现在已经渐渐的有了男女"团体"和"个人"的交际，但是若没有必要的时候，似乎不必多所接近，因为这种的交际很容易引起社会的误会心。

10. 我们建立事业的"目的",要"通俗的"、"积极的"、"普通的"从根本上做起,如"普及教育"、"改良家庭"等等。因此我们要常常注意到"家事实习"、"儿童心理"、"妇女职业"等等。因为事前若没有预备,当事便莫知所措,我们所学习的也就等于虚文不能运用了。其余的职业如"美术"、"音乐"等等也不是不可学习。不过以中国的现势看起来,我们不得不从那最需要的着手进行了。

敬爱的女学生呵!我们已经得了社会的注意,我们已经跳上舞台,台下站着无数的人,目不转睛的看我们进行的结果。台后也有无数的青年女子,提心吊胆,静悄悄的等候。只要我们唱了凯歌,得了台下欢噪如雷的鼓掌,她们便一齐进入光明。假如我们再失败了……那些台下的观者,那些台后的等候者,她们的"感触"如何,"判断"如何,"决心"如何,我们也可以自己想象出来的。但是我们自己又怎样呢?唉!闭居小村的威廉帝,放流荒岛的拿破仑,他们的失望,他们的打击,他们的深悲极恸,还不及我们的万分之一。因为他们所图谋的是数十百年一己的功业,我们所图谋的是永远无穷数千万人的幸福。他们的失败,只关系自己。我们的失败,是关系众生。

我所敬爱的女学生呵!我们要和社会的心理奋斗,要将他们的厌恶心理挽回过来。不但求他们的信仰,也要将他们所崇拜的"欧美女学生"的基础,建立起来。将他们所崇拜的"欧美女学生的模范表式",在数十年以后,实现出来。好使他们思念我们,感激我们,讴歌颂赞我们。我们要得如此巨大的结果!我们应当怎样的预备!怎样的进行!

敬爱的"第三时期女学生"呵!我们从今日起,要奋斗!要开始和社会厌恶"女学生"的心理奋斗!

(最初发表于北京《晨报》1919年9月4日第7版,署女学生谢婉莹投稿。选自卓如编:《冰心全集·第一册》,海峡文艺出版社2012年版)

漫谈语文的教与学

关于语文教学问题,近来是谈得很多的了。有许多语文教师、教育工作者、语文工作者和作家的关于语文教学的文章和谈话,我在报刊上都大致拜读过了。我同意多数人的意见,就是:使学生正确地掌握系统的语文基础知识,培养和提高学生的阅读和写作能力,是语文教学的基本任务。

我没有在中、小学教过语文,也没有参加过中、小学语文课本的编选,不知道其中的甘苦。我只知道有些作家和教师朋友,谈起青年人的语文程度的时候,都认为现在的中学生的阅读和写作能力都很差,有的学生看文学作品只注意故事,看不出文章的好坏,连哪个字是怎么写的也不去细看,因此在写作的时候,不但不能用文字来鲜明生动地表达出自己的思想感情,而且还错字连篇,句法不通。我自己也常常接到青年人寄来的稿子,里面并不是没有生活,但是人物都很呆板,背景也很模糊,看时引不起兴趣,看完也没有印象。

我也替中学生想过,他们现在要看可看的书籍比我们从前多得多了,课程科目多,负担重,课外的活动也不少,不像我们小的时候,课内课外看来看去只是数得过来的几十篇文章和几部作品,可以有充分的时间来琢磨、背诵,熟极而流……

不过,反过来说,正因为现在他们要看和可看的书比我们多,课外的活动也比我们多,只要肯下功夫,他们的练习、欣赏和写作的机会,是比我们更多更好的,"后来居上",就是这个道理。

培养和提高学生的阅读和写作能力,和语文教材的编选、教师的教学方法,当然都有很大的关系。课文的思想性是首要的,这当然不在话下。我想做一个比喻:很好的思想内容,像一盏画得很美的纱灯,表达思想的文字就像是灯里的烛光，若是里面的烛光很亮，这盏纱灯上的美丽的图画，就会映射得纤毫毕现；若是烛光昏暗，无论是多美的纱灯，也会减色。同样地，很好的一支曲调，也须有很好的歌喉把它唱出来，"工欲善其事，必先利其器"，没有很好的表达工具，无论多么美好的思想感情，也是表达得不好或表达得不完全的。

因此，我认为语文教材的编选，应当在"思想性第一"的前提下，选那些艺术性最强、最完美的文章；文情并茂，情文相生的最有示范性的作品。像翻译的，为一个运动而选的文章，在编选的时候都可以重新斟酌。

我并不是轻视翻译，我自己就常作翻译的工作，我深知翻译要做到"信"、"达"、"雅"，不能好好地掌握两种文字工具，就做不好翻译的工作。但是在中学生能掌握外国文字之前，对于译文的好处是不大能欣赏的。此外为了一个运动而选的文章，也常常会因为重视运动的政治性，而忽略了文章的艺术性，宁有勿缺，也是不好的。

我同意为了教师容易积累经验，教材应当有相当大的部分，稳定保留下来。同时阅读课文可以加多，如新的、优秀的、配合国内外形势和各项重大事件的文章，还有好的译文，都可以放了进去——我还以为，应当随时添印一些活页的阅读资料，让学生随时可以读到最新最优秀的作品，像我最近读到的几篇：冯德英的长篇小说《迎春花》中的几段、马烽的短篇小说《我的第一个上级》、高缨的中篇小说《达吉和她的父亲》等等，都是思想性强而艺术性高的新作。应当让心灵活泼、容易接受新事物的中学生们尽早地读到。

我个人还深刻地体会到，无论教材选得多精，老师讲得多好，在学生方面，如果不痛下功夫，阅读和写作能力还是不会提高的。世界上没有不劳而获的东西！尽靠读课文甚至于只阅读课文，而自己不寻求着去广泛阅读，你的分析和欣赏能力是不会增加的。货怕比，文章也怕比，看得多了，见识广了，才能评定优劣，比较高低。即或是在你自己比较之后，认为最好的文章已经选在课本上了，那你的功夫也不算白费，因为你已经找到欣赏文学作品的门径了。

除了多读之外,还需要细读,不但要分析思想,注意结构和词汇,连字的写法也要细看,这样在自己下笔的时候,才会灵活地运用词汇,也不至于提笔忘字,或写出错字了。

在多读细读之后,应当常做笔记,也应当把自己所认为优美简练的词句,摘录了下来。我们祖国几千年来的优秀作品里,词汇是极其丰富的,是我们最珍贵的遗产,我们看一篇古典文学,应当去其思想之糟粕,取其词汇之精华。这也是"古为今用"的方法之一。

遇到自己特别喜欢的作品,在细读之后,还要熟读,古人说:"好书不厌百回读","熟能生巧",熟读了许多好句之后,使你不但能融化,还能创造,到了你自己能创造好句子的时候,你写作的能力,就大大地提高了。

总起来说,语文的教和学中一切的一切,都要两条腿走路:教材首先要注意思想性,但因为语文是一门工具性质的学科,课文的艺术性也要多加注意。教师的培养、启发固然重要,而学生的勤钻苦干也更要紧,老师只能教你怎样读怎样写,可不能替你读替你写。"青出于蓝,而胜于蓝","冰生于水而寒于水",都是从前老师对于学生勉励的言词,这不但是我们的恳挚的希望,也是社会发展的普遍规律。

一九五九年八月十九日

(最初发表于《文艺报》1959年8月26日第16期,后收入《我们把春天吵醒了》。选自卓如编:《冰心全集·第四册》,海峡文艺出版社2012年版)

我的大学生涯

这是我自传的第五部分了(一、我的故乡。二、我的童年。三、我到了北京。四、我入了贝满中斋),每段都只有几千字,因为我不惯于写叙述性的文章，而且回忆时都是些零碎的细节，拼在一起又太繁琐了。但是在我的短文里，关于这一段时期的叙述是比较少的，而这一段却是我一生中最热闹、最活跃、精力最充沛的一段！

我从贝满中斋毕了业，就直接升入了协和女子大学。我选的是理预科，因为我一心一意想学医，对于数、理、化的功课，十分用功，成绩也好。至于中文呢，因为那时教会学校请的中文老师，多半是前清的秀才或举人，讲的都是我在家塾里或自己读过的古文，他们讲书时也不会旁征侧引，十分无趣。我入了理科，就埋头苦学，学校生活如同止水一般地静寂，只有一件事，使我永志不忘！

我是在夏末秋初，进了协和女子大学的校门的，这协和女大本是清朝的佟王府第，在大门前抬头就看见当时女书法家吴芝瑛女士写的"协和女子大学校"的金字蓝地花边的匾额。走进二门，忽然看见了由王府前三间大厅改成的大礼堂的长廊下，开满了长长的一大片猩红的大玫瑰花！这是玫瑰花第一次打进了我的眼帘，从此我就一辈子爱上了这我认为是艳冠群芳、又有风骨的花朵，又似乎是她揭开了我生命中最绚烂的一页。

理科的功课是严谨的，新的同学们更是来自五湖四海，大多数比我大好几岁。除了从贝满女中升上来的同学以外，我又结识了许多同学。那时我弟弟们也都上学了。在大学我仍是走读，每天晚餐后，和弟弟们在饭桌旁各据一方，一面自己温课，一面帮助他们学习，看到他们困倦了时，就立起来同他们做些游戏。早起我自己一面梳头的时候，一面还督促他们"背书"。现在回忆起来，在这些最单调的日子里，我只记得在此期间有一次的大风沙，那时北京本有"无风三尺土，有雨一街泥"的谚语，春天风多风大，不必说了。而街道又完全是黄土铺的，每天放学回来总得先洗脸，洗脖子。我记得这一天下午，我们正在试验室里，由一位美国女教师带领着，解剖死猫，忽然狂风大作，尘沙蔽天，电灯也不亮了，连注射过红药水的猫的神经，都看不出来了。教师只得皱眉说："先把死猫盖上布，收在橱子里吧，明天晴了再说。"

这时住校的同学都跑回到自己屋里去了。我包上很厚的头巾,在扑面的尘沙中抱肩低头、昏天黑地地走回家里,看见家里廊上窗台上的沙土,至少有两寸厚。

其实这种大风沙的日子,在当时的北京并不罕见,只因后来我的学校生活,忽然热闹而繁忙了起来,也就记不得天气的变迁了!

在理预科学习的紧张而严肃的日子,只过了大半年,到了第二年——一九一九年——"五四"运动起来了,我虽然是个班次很低的"大学生",也一下子被卷进了这兴奋而伟大的运动。关于这一段我写过不少,在此就不多说了。我要说的就是我因为参加运动又开始写些东西,耽误了许许多多理科实验的功课,幸而理科老师们还能体谅我,我敷敷衍衍地读完了两年理科,就转入文科,还升了一班!

改入文科以后,功课就轻松多了!就是这一年——一九二〇年,协和女子大学,同通州潞河大学和北京的协和大学合并成燕京大学。校长是司徒雷登。我们协和女子大学就改称"燕大女校"。有的功课是在男校上课,如"哲学"、"教育学"等,有的是在女校上的,如"社会学"、"心理学"等。在男校上课时,我们就都到男校所在地的盔甲厂去。当时男女合校还是一件很新鲜的事,因此我们都很拘谨,在到男校上课以前,都注意把头上戴的玫瑰花蕊摘下。在上课前后,也轻易不同男同学交谈。他们似乎也很腼腆。一般上课时我们都安静地坐在第一排,但当坐在我们后面的男同学,把脚放在我们椅子下面的横杠上,簌簌抖动的时候,我们就使劲地把椅子往前一拉,他们的脚就忽然砰的一声砸到地上。我们自然没有回头,但都忍住笑,也不知道他们伸出舌头笑了没有。

但是我们几个在全校的学生会里有职务的人,都不免常和男生接触,如校刊编辑部、班会等。我们常常开会,那时女校还有"监护人"制度,无论是白天或晚上,几个人或几十个人,我们的会场座后,总会有一位老师,多半是女教师,她自己拿着一本书在静静地看。这一切,连老师带学生都觉得又无聊,又可笑!

我是不怕男孩子的!自小同表哥哥、堂哥哥们同在惯了,每次吵嘴打架都是我得了"最后胜利",回到家里,往往有我弟弟们的同学十几个男孩子围着我转。只是我的女同学们都很谦让,我也不敢"冒尖",但是后来熟了以后,男同学们当面都说我"厉害",说这些话的,就是许地山、瞿世英(菊农)、熊佛西这些人,他们同我后来也成了好朋友。

这时我在燕大女校"学生自治会"里,任务也多得很!自治会里有许多委员会——甚至有伙食委员会!因为我没有住校,自然不会叫我参加,但是其他的委员会,我就都被派上了!那时我们最热心的就是做社会福利工作,而每兴办一项福利工作,都得"自治会"自己筹款。最方便而容易的,就是演戏卖票!我记得我们演过许多"莎士比亚"的戏,如《威尼斯商人》、《第十二夜》等等,那时我们英文班里正读着"莎士比亚",美国女教师们都十分热心地帮助我们排练,设计服装、道具等等,我们演得也很认真卖力。记得有一次鲁迅先生和俄国盲诗人爱罗先珂来看过我们的戏——忘了是哪一出——鲁迅先生写过文章说爱罗先珂先生说我们演的比当时北京大学的某一出戏好得多。因此他和北大同学还引起了一番争论,北大同学说爱罗先珂先生是个盲人,怎能"看"出戏的好坏?我和鲁迅先生只谈过一次话,还是很短的,因为我负责请名人演讲,我记得请过鲁迅先生、胡适先生、还有吴贻芳先生……我主持演讲会,向听众同学介绍了主讲人以后,就只坐在讲台上听讲了——我和鲁迅先生的接触,就这么一次,我也不知道鲁迅先生是从哪一位同学手里买到戏票的。

这次演剧筹款似乎是我们要为学校附近佟府夹道的不识字的妇女们,义务开办一个"注音字母"学习班。自治会派我去当校长。我自己就没有学过注音字母,但是被委为校长,就意味着把找"校舍"——其实就是租用街道上一间空屋——招生、请老师——也就是请一个会教注音字母的同学——都由我包办下来。这一切,居然都很顺利。开学那一天,我去"训话",看到讲台前坐的都是中年妇女。只前排右首坐着一个十分聪明俊俏的姑娘,听课后我过去和她搭话,她说:"我叫佟志云,十八岁,我识得字,只不过也想学学注音字母。"我想她可能是佟王后裔。她问我:"校长,您多大年纪了?"我笑着说:"反正比你大几岁!"

这时大女校已经和美国威尔斯利(Wellesley College)女子大学结成"姐妹学校"。我们女校里有好几位教师,都是威校的毕业生。忘了是哪一年,总在二十年代初期吧,威校的女校长来到我们校里访问,住了几天,受到盛大的欢迎。有一天她——我忘了她的名字——忽然提出要看看古老北京的婚礼仪式,女校主任就让学生们表演一次,给她开开眼。这事自然又落到我们自治会委员身上,除了不坐轿子以外,其他服装如凤冠霞帔、靴子、马褂之类,也都很容易地借来了,只是在演员的分配上,谁都不肯当新娘。我又是主管这个任务的人,我就急了,我说:"这又不是真的,只是逢场做戏而已。你们都不当,我也不等'父母之命,媒妁之言',我就当了!"于是我扮演了新娘。凌淑浩——凌淑华的妹妹,当了新郎。送新太太是陈克俊和谢兰蕙。扮演公公婆婆的是一位张大姐和一位李大姐,都是高班的学生,至今我还记得她们的面庞。她们以后在演比利时作家梅特林克的童话剧《青鸟》中,还是当了我的爷爷和奶奶,可是她们的名字,我苦忆了半天也想不起来!

那夜在女校教职员宿舍院里,大大热闹了一阵,又放鞭炮,又奏鼓乐。我们磕了不少的头!演到坐床撒帐的时候,我和淑浩在帐子里面都忍不住笑了起来,急得克俊和兰蕙直捂着我们的嘴!

我演的这些戏中,我最喜欢的还是《青鸟》,剧本是我从英文译的,演员也是我挑的,还到培元女子小学,请了几个小学生,都是我在西山夏令会里认识的小朋友。我在《关于女人》那本书内写的《我的同学》里,就写了和陈克俊在"光明宫"对话的那一段。这出剧里还有一只小狗,我就把我家养的北京长毛狗"狮子"也带上台了。我的小弟弟冰季,还怕我们会把"狮子"用绳子拴起,他就亲自跟来,抱着它悄悄地在后台坐着,等到它被放到台上,看见了我,它就高兴得围着我又蹦又跳,引得台下一片笑声。

总之,我的大学生涯是够忙碌热闹的,但我却没有因此而耽误了学习和写作。我的老师们对我都很好,尤其是我的英文老师鲍贵思(Grace Bognton)在我毕业的那一年春季,她就对我说:"威尔斯利女大已决定给你两年的奖学金——就是每年八百美金的学、宿、膳费,让你读硕士学位。"——她自己就是威尔斯利的毕业生,她的母亲和她的几个妹妹也都是毕业于威校,可算是威校世家了——她对于母校感情很深,盛赞校园之美、校风之好,问我想不想去,我当然愿意。但我想一去两年,不知这两年之中,我的体弱多病的母亲,会不会出什么意外?我对家里什么人都没有讲过我的忧虑,只悄悄地问过我们最熟悉的医生孙彦科大夫,他是我小舅舅杨子玉先生的挚友,小舅舅介绍他来给母亲看过病。后来因为孙大夫每次到别处出诊路过我家,也必进来探望,我们熟极了。他称我父亲为"三哥",母亲为"三嫂",有时只有我们孩子们在家,他也坐下和我们说笑。我问他我母亲身体不好,我能否离家两年之久?他笑了说:"当然可以,你母亲的身体不算太坏,凡事有我负责。"同时鲍女士还给我父亲写了信,问他让不让我去?父亲很客气地回了她一封信,说只要她认为我不会辜负她母校的栽培,他是同意我去美国的。这一切当时我还不好意思向同学们公开,依旧忙我的课外社会福利工作。

那几年也是家庭中多事之秋,记得就是在我上中学的末一年(?),我的舅舅杨子敬先生逝世了。他是我母亲唯一的亲哥哥。兄妹二人感情极好。我父亲被召到北京来时,母亲也请舅舅来京教我的三个弟弟,作为家庭教师。不过舅舅没有和我们住在一起,他们住在离中剪子巷不远的铁狮子胡同。忽然有一天早晨,舅家的白妈,气急败坏地来对我母亲说,从昨天下午起舅舅肚子痛得厉害,吐呕了一夜,现在已经不能说话了。我想这病可能是急性盲肠炎。——那时父亲正不在家,他回到福州,去庆祝祖父的八十大寿了。——等母亲和我们赶到时,舅舅已经断气了。这事故真像晴天霹雳一般,我们都哭得泪干声咽!母亲还能勉强镇定地办着后事,这是我生平第一次看见死人入殓！我的大弟弟为涵，还悄悄地对我说："装舅舅的那个大匣子，靠头那一边，最好开一个窟窿，省得他在那里头出不了气。"我哭得更伤心了，我说："他要是还能喘气，就不用装进棺材里去了！"

记得父亲回福州的时候，我还写了几首祝贺祖父大寿的诗，请他带回去，现在只记得一首：

浮踪万里客幽燕

恰值太公八秩年

自笑菲才惭咏絮

也裁诗句谱新篇

反正都是歪诗，写出来以助一笑。

等到父亲从福州回来，舅母和表弟妹们已搬进我家的三间西厢房，从前舅舅教弟弟们读书的屋子里。从此弟弟也都进入了小学校。

此后，大约是我在大学的时期，福州家里忽然来了一封电报说是祖父逝世了，这对我们又是一个极大的打击！我父亲星夜奔丧，我忽然记起在一九一二年我离开故乡的时候，祖父曾悄悄地将他写的几副自挽联句，交给我收着，说"谁也不让看，将来有用时，再拿出来"。我真地就严密地收起，连父母亲都不知道。这时我才拿出来给父亲带回，这挽联有好几对。有一联大意是说他死后不要僧道唪经，因为他不信神道，而且相信自己生平也没有造过什么冤孽，怎么写的我不记得了。有一联我却记得很清楚，是：

有子万事足，有子有孙又有曾孙，足，足，足

无官一身轻，无官无累更无债累，轻，轻，轻

父亲办完丧事，回来和我们说：祖父真可算是"无疾而终"。那一天是清

明，他还带着伯叔父和堂兄们步行到城外去扫墓，但当他向坟台上捧献祭品时，双手忽然颤抖起来，二伯父赶紧上前接过去。跪拜行礼时也还镇定自如，回来也坚持不坐轿子，说是走动着好。回到家后，他说似乎觉得累了一点，要安静躺一会子，他自己上了床，脸向里躺下，叫大家都出去。过不了一会，伯父们悄悄进去看时祖父已经没有呼吸了，脸上还带着安静的微笑！我记得他的终年是八十六岁。

这时已是一九二三年的春季，我该忙我的毕业论文了。文科里的中国文学老师是周作人先生。他给我们讲现代文学，有时还讲到我的小诗和散文，我也只低头听着，课外他也从来没有同我谈过话。这时因为必需写毕业论文，我想自己对元代戏曲很不熟悉，正好趁着写论文机会，读些戏曲和参考书。我把论文题目《元代的戏曲》和文章大纲，拿去给周先生审阅。他一字没改就退回给我，说"你就写吧"。于是在同班们几乎都已交出论文之后，我才匆匆忙忙地把毕业论文交了上去。

就在这时我的吐血的病又发作了。我母亲也有这个病，每当身体累了或是心绪不好，她就会吐血。我这次的病不消说，是我即将离家的留恋之情的表现。老师们和父母都十分着急，带我到协和医院去检查。结果从透视和其他方面，都找不出有肺病的症状。医生断定是肺气枝涨大，不算什么大病症。那时我的考上协和医学院的同学们和林巧稚大夫——她也还是学生，都半开玩笑地和我说："这是天才病！不要胡思乱想，心绪稳定下来就好。"

于是我一面预备行装，一面结束学业。在毕业典礼台上，我除了得到一张学士文凭之外，还意外地得到了一把荣誉奖的金钥匙。

这一年的八月三日，我离开北京到上海准备去美。临行以前，我的弟弟们和他们的小朋友们，再三要求我常给他们写信，我答应了。这就是我写那本《寄小读者》的"灵感"！

八月十七日，美国邮船杰克逊总统号就把带着满腔离愁的我，从"可爱的海棠叶形的祖国"载走了！我写过一首诗：

> 她是翩翩的乳燕,
>
> 　横海飘游,
>
> 月明风紧,
>
> 　不敢停留——
>
> 在她频频回顾的
>
> 　飞翔里
>
> 总带着乡愁!

我在国内的大学生涯,从此结束。在我的短文里,写得最少的,就是这一段,而在我的回忆中,最惬意的也就是这一段,提起笔来,就说个没完了!

一九八五年三月十八日

(收入《冰心近作选》,作家出版社 1991 年版。选自冰心著,卓如选编:《冰心作品精编》,漓江出版社 2015 年版)

当教师的快乐

我只当过十年的教师。那是一九二六年我从美国留学回来,在母校燕京大学国文系当了一名讲师。那时系里的主任和教师大半是我的老师。校内其他科、系里也有我的老师。总之,全校的教师都是我的师辈!因此在开教授会的时候,我总是挑个极边极角的座位,惶恐地缩在一旁。大家都笑着称我为 Faculty Baby(教授会的婴儿)。那一学期我还不满二十六岁。

在学生群中就大不一样了。他们是我的好朋友。我教一年级必修科的国文,用的是古文课本。大学一年级的男女学生很多,年纪又都不大,大概在十七到二十岁之间。国文课分成五个班,每班有三四十名。因为他们来自全国各地,闽粤的学生,听不大懂马鉴主任、周作人、沈尹默、顾随、郭绍虞等几位老先生的江南口音,于是教务处就把这一部分学生分到我的班上。从讲台上望去,一个个红扑扑的稚气未退的脸,嬉笑地好奇地望着我这个小先生——那时一般称教师为先生。这些笑容对我并不陌生,与我的弟弟们和表妹们的笑容一模一样。打开点名簿请他们自己报名,我又逐一纠正了他们的口音,笑语纷纭之中,我们一下子就很熟悉很亲热了!我给他们出的第一道作文题目,就是自传,一来因为在这题目下人人都有话可写,二来通过这篇自传,我可以了解到每个学生的家庭背景、习惯、性情等等。我看完文卷,从来只打下分数,不写批语,而注重在和每个人做半小时以内的课外谈话上。这样,他们可以告诉我:他们是怎么写的,我也可告诉他们我对这篇文字的意见,思想沟通了,我们彼此也比较满意。

我还开了一班习作的课,是为一年级以上的学生选修的。我要学生们练习写各种文学形式的文字,如小说、诗、书信,有时也有翻译——我发现汉文基础好的学生,译文也会更通顺——期末考试是让他们每人交一本刊物,什么种类的都行,如美术、体育等等。但必须有封面图案、本刊宗旨、文章、相片等等,同班同学之间可以互相组稿,也可以向班外的同学索稿或相片。学生们都觉得这很新鲜有趣,他们期末交来的刊物,内容和刊名都很一致,又很活泼可喜。

回忆起那几年的教学生涯,最使我眷恋的是:学生们和我成了知心朋友。那时教师和男女学生都住在校内,课外的接触十分频繁。我们常常在未名湖上划船,在水中央的岛边石舫上开种种的讨论会,或是作个别谈话。这种个别谈话就更深入了!有个人的择业与择婚问题等等!这时我眼前忽然涌现出好几对美满的夫妻,如郑林庄和吴瑞梧,林耀华和饶毓苏,等等。有的是我以大媒的身份去参加他们的完婚仪式,有的是由我出面宴请双方的家长,为他们撮合。说起来是半个世纪以前的事了。他们中有过半数的人已先我而进入另一个世界,写到这里,我心里有说不出的一种滋味!

我应该停笔了,我说的既不是"尊师",也不是"爱生",我只觉得"师"

和"生"应当是互相尊重互相亲爱的朋友。

一九八六年七月七日之晨

（收入《冰心近作选》，作家出版社 1991 年版。选自冰心著，卓如选编：《冰心作品精编》，漓江出版社 2015 年版）

无士则如何

前几年，不少领导人常说：无农不稳，无工不富，无商不活。其后，又有人加了一句：无兵不安。这些话都对，概括得也非常准确。可惜尚缺一个重要方面——无士怎么样呢？

士，就是知识、文化、科学、教育，就是知识分子、人才。

几个月前，我曾向一些同志提出这个问题。后来有的报刊将我这问题公开发表了。我想，发表也好，让社会上各方有识之士来一起思索吧。

果然，半个月中，我就收到由全国政协转来三封信件，就是"无士则如何"的回响。即使是微弱的回响，也比石沉大海要好。恕我没有征求他们的同意，将三封信的内容摘录如下。因为我觉得信虽是写给我个人的，而谈论的却是全社会、全民族所关心和应该关心的大事。

江西南昌油脂化工厂陈水根的信中说：

"我个人认为答案应是无士不兴。兴者，旺盛之谓也。'没有文化的军队是愚蠢的军队'，同样，没有文化的群体是愚蠢的群体。无士，我们的事业就不会兴旺发达。

"我是一个普通老百姓，接触的是大众的实践。我认为，要实现四个现代化，不提高全民族的文化素质是不可思议的。无论在国际还是在国内，吃亏在文化素质低的例子俯拾皆是。您老知道的比我更多。这要引起领导们的重视。尤其是决策者的重视，要把提高全民族的文化素质提到重要议事日程上来议议。

"任何民族都需要有一精神支柱,尤其是当今改革开放的时代,尤显重要。这支柱的建造需要全民族的文化素质与道德修养凝聚。舍此别无他路。因此,要重视文化知识,重视道德修养,重视知识分子、提高教师的社会地位是势在必行、理所当然的事。"

黑龙江齐齐哈尔市求是新能源研究所杨俊宇同志信中说:

"目前我们国家正在进行四化建设,目的是要建成文明昌盛的国家。否则,我们就有被开除'球籍'的危险了。因此,我悟出了你所提的问题的答案,这就是'无士不昌'。加上这句,就完整了。是否有当,请您及政协委员们给以指正。"

四川成都513信箱余人同志对这个问题更作了详尽的阐述。他说:

"士者,知识分子也。它是和知识、科学、社会文明紧密联系的代名词。中国要富强,中华要振兴,一要靠民主,二要靠科学。但归根到底是要靠科学。因为民主也是一种科学,它属于社会科学范畴。一切事物,党也好,政也好,农也好,工也好,商也好,教也好,如果违背了科学而行事,必将受到应有的惩罚,产生阻碍社会发展的破坏力量。很难想象,在一个文盲充塞、科学文化落后、社会道德水平低下的国度能建设现代化的国家。靠缺乏教育和文化修养的人不能搞好现代化事业;靠杂乱无章的管理不能建立社会主义经济新秩序;靠投机诈骗、阿谀奉承、以权谋私之徒,只能搞乱整个社会。这是再明显不过的道理。我们中国在世界民族之林中还处于落后地位,究其原因,不是因为懒惰,也不是因为贫穷,而是长时期缺乏民主和不重视科学所造成的恶果。缺乏民主制度和民主观念,必然阻碍科学文化的发展和社会的进步,而科技落后、文化素质低,社会生产力低下,又维持了不民主制度的延续。如此恶性循环,就使社会停滞不前。

"要促进民主化进程,促进科学技术发展,首先就要培养更多的士,造成更多的有用之材。而教育,又是振兴中华的基础工程,切不可认为办教育不但不赚钱、反而花大钱而丢了这项千年大计的根本，去办那些急功近利的蠢事；更不要只把重视教育挂在口头上，写在文件中，而不去办一件两件实实在在的事。

"所以，对冰心老前辈所提问题，我这个后生小子的答案，只有一句话：无士不兴！"

他们三位身在天南地北，却不约而同地说了同一个意思。可见人同此心，心同此理，我也似乎无需再多说什么了。我只希望领导者和领导部门谛听一下普通群众、普通知识分子的心声，更要重视"无士"的严重而深远的后果。"殷鉴不远"，只要回想一下十年大乱中践踏知识、摧残知识分子、大革文化命所造成的灾难，还不清楚吗？

岁月易得，"五四"运动70周年就在眼前。七十年前，一批思想界、文化界的先锋人物，于国事蜩螗之时高举民主和科学大旗，向封建势力、军阀势力和帝国主义势力冲击，揭开中国的现代史页。时隔七十年，我们今天还是要大声疾呼：要让德先生、赛先生在中国这个古老的土地上生根、发芽、开花、结果。如果不重视"士"，不重视科学、教育、文化，德先生和赛先生就成了空谈，现代化也会流于纸上谈兵。

1998年11月

（最初发表于《散文世界》1989年第4期。选自卓如编：《冰心全集·第七册》，海峡文艺出版社2012年版）

忆读书

一谈到读书，我的话就多了！

我自从会认字后不到几年，就开始读书。倒不是四岁时读母亲教给我的商务印书馆出版的国文教科书第一册的"天、地、日、月、山、水、土、木"以后的那几册，而是七岁时开始自己读的"话说天下大势，分久必合，合久必分……"的《三国演义》。

那时我的舅父杨子敬先生每天晚饭后必给我们几个中表兄妹讲一段《三国演义》，我听得津津有味，什么"宴桃园豪杰三结义，斩黄巾英雄首立功"，真是好听极了。但是他讲了半个钟头，就停下去干他的公事了。我只好带着对于故事下文的无限悬念，在母亲的催促下，含泪上床。

此后，我决定咬了牙，拿起一本《三国演义》来，自己一知半解地读了下去，居然越看越懂，虽然字音都读得不对，比如把"凯"念作"岂"，把"诸"念作"者"之类，因为我只学过那个字一半部分。

谈到《三国演义》，我第一次读到关羽死了，哭了一场，把书丢下了。第二次再读时，到诸葛亮死了，又哭了一场，又把书丢下了。最后忘了是什么时候才把全书读到"分久必合"的结局。

这时我同时还看了母亲针线笸箩里常放着的那几本《聊斋志异》，聊斋故事是短篇的，可以随时拿起放下，又是文言的，这对于我的作文课很有帮助，因为我的作文老师曾在我的作文本上批着"柳州风骨，长吉清才"的句子，其实我那时还没有读过柳宗元和李贺的文章，只因那时的作文，都是用文言写的。

因为看《三国演义》引起了我对章回小说的兴趣，对于那部述说"官迫民反"的《水浒传》尤其欣赏。那部书里着力描写的人物，如林冲——林教头风雪山神庙一回,看了使我气愤填胸!武松、鲁智深等人,都有其自己极其生动的风格,虽然因为作者要凑成三十六天罡七十二地煞勉勉强强地写满了一百零八人的数目,我觉得也比没有人物个性的《荡寇志》强多了。

《精忠说岳》并没有给我留下太大的印象,虽然岳飞是我从小就崇拜的最伟大的爱国英雄。在此顺便说一句,我酷爱古典诗词,但能够从头背到底的,只有岳武穆的《满江红》"怒发冲冠"那一首,还有就是李易安的《声声慢》,她那几个叠字:"寻寻觅觅……,凄凄惨惨戚戚……"写得十分动人,尤其是以"寻寻觅觅"起头,描写尽了"如有所失"的无聊情绪。

到得我十一岁时,回到故乡的福州,在我祖父的书桌上看到了林琴南老先生送给他的《茶花女遗事》,使我对于林译外国小说引起了广泛的兴趣,那时只要我手里有几角钱,就请人去买林译小说来看,这又使我知道了许多外国的人情世故。

《红楼梦》是在我十二三岁时候看的,起初我对它的兴趣并不大,贾宝玉的女声女气,林黛玉的哭哭啼啼,都使我厌烦,还是到了中年以后再拿起这部书看时,才尝到"满纸荒唐言,一把辛酸泪"一个朝代和家庭的兴亡盛衰的滋味。

总而言之,统而言之,我这一辈子读到的中外的文艺作品,不能算太少。我永远感到读书是我生命中最大的快乐!从读书中我还得到了做人处世的"独立思考"的大道理,这都是从《修身》课本中所得不到的。

我自一九八六年到日本访问回来后即因伤腿闭门不出,"行万里路"做不到了,"读万卷书"更是我唯一的消遣。我每天都会得到许多书刊,知道了许多事情,也认识了许多人物。同时,书看多了,我也会挑选、比较。比如说看了精彩的《西游记》就会丢下烦琐的《封神榜》,看人物如生的《水浒传》就不会看索然无味的《荡寇志》等等。对于现代的文艺作品,那些写得朦朦胧胧的、堆砌了许多华丽的词句的、无病而呻、自作多情的风花雪月的文字,我一看就从脑中抹去;但是那些满带着真情实感、十分质朴浅显的篇章,哪怕只有几百几千字,也往往使我心动神移,不能自已!

书看多了,从中也得到一个体会:物怕比,人怕比,书也怕比,"不比不知道,一比吓一跳"。

因此,某年的六一国际儿童节,有个儿童刊物要我给儿童写几句指导读书的话,我只写了九个字,就是:

读书好,多读书,读好书。

1989年9月8日清晨

国际扫盲日、中国教师节前夕

(最初发表于《散文世界》1989年第11期。选自卓如编:《冰心全集·第七册》,海峡文艺出版社2012年版)

涂怀京、马洪骄编撰

余宝笙

【题解】

余宝笙（1904—1996），福建莆田人，我国著名生物化学家、教育家、社会活动家。她出身于一个医生家庭，从小就读于教会学校。1922年，余宝笙以优异的成绩考入华南女子文理学院（以下简称华南女院）学习化学专业，1924年到美国望城大学半工半读，1926年获得学士学位，1927年考入美国哥伦比亚大学，1928年获得化学硕士学位，同年回国在华南女院附中与华南女院任教，1929年任华南女院化学系主任。1935年，她再赴美国约翰·霍普金斯大学深造，师从维生素A、B、C发明者麦卡伦教授，1937年获得生物化学博士学位，入选美国科学家荣誉学会会员，获得"金钥匙"奖章。同年抗日战争全面爆发，她谢绝导师挽留和高薪聘请，决然回国，担任母校华南女院化学系主任，1945年又兼训导处主任。1951年，华南女子文理学院与福建协和大学等院校合并成立福州大学，她担任研究部主任兼化学系主任；1953年，福州大学改为福建师范学院，她担任副教务长兼化学系主任等职。1957年，她被错划为"右派"，1979年平反。1984年，余宝笙创办私立福建华南女子职业学院，这是新中国第一所具有独立颁发学历文凭资格的民办女子高等学校，她任院长至1996年。她曾任第六、七届全国人大代表，全国政协第三届委员，第一至三届福建省人大代表，福建省政协第一至五届常委，中国农工民主党中央候补委员、顾问，咨询委员会常委，中国农工民主党福建省委常委委员、副主委，中国化学学会理事，福建省生物化学学会名誉主席。她1989年获"全国教育系统劳动模范"；1990年获得"全国优秀归侨、侨眷知识分子"光荣称号；1992年，经国务院批准，获得政府颁发的特殊津贴；同年，荣获英国剑桥国际传记中心授予的世界妇女名人奖状，个人事迹录入《世界名人词典》。主要研究成果有《中药免疫化学变化》《从楣豆和补骨脂中提取的胰蛋白酶抑制剂及其特性的研究》《毛花猕猴桃根提取物抗癌效应及对小鼠免疫功能影响的研究》等。

《祖国，母亲！》这篇文章发表的背景，是余宝笙教授在1979年平反后，向学校党委建议并负责筹建福建师大生物化学实验室，要把失去的时间抢回来。1979—1981年，余宝笙利用赴美探亲机会，去国外"充电"学习新知识，应邀前往明尼苏达大学生化研究室研究药物对癌症的效应，75岁高龄的她为不使一头白发引人注目，套上黑色的假发早出晚归，以6个月的时间完成实验，论文《中药免疫化学变化》发表于明尼苏达大学免疫生化杂志上。在美国她被称为"尊敬的学者"，受邀讲学，多方以优厚的待遇挽留她工作，她却说："中国正在搞四化，需要我回去工作。"1981年春，余宝笙在人们不可思议的目光中，携带几箱图书仪器飘然回国。同年6月，她在《福建日报》发表了《祖国，母亲！》，文中她充分表达了读书是为了报效祖国，出国是为了救国的赤诚之情："党和祖国正象当年我母亲那样期望着、呼唤着我，我要为之献出赤子之心。"在文中，她回顾了三次出国三次回国的心路历程：年轻时第一次出国留学，以优异的成绩学成归国，并"下决心献身于教育科学事业"。第二次出国攻读博士，又是以优异的成绩入选美国科学家荣誉学会会员，获得"金钥匙"奖章。但她同样婉言谢绝了导师的挽留："我怀念祖国，惦念着华南女院的工作。"第三次出国是在平反后，以古稀之年去国外学习新知识，抢回失去的时光，以超强的毅力完成研究实验，面对国外研究所的高薪挽留，她毅然回绝："中国正在搞四化，需要我回去工作。"当这篇文章发表后，知识分子争相阅读，中央人民广播电台为此循环播放一周，引起海内外及社会各界广泛关注。散居祖国各地的老华南校友聆听她的心声,莫不热泪盈眶,唏嘘不已,为她赤诚爱国之心深深感动。

《余宝笙院长在开学典礼上的讲话》,是余宝笙教授在1985年创办的福建华南女子职业学院开学典礼上的致辞。凭着多年的教育工作与经验,她深刻认识到妇女素质的提高,对于提高全民族的素质,有着极其重要的影响。为21世纪培养更多杰出的妇女人才是十分有意义的工作。1985年10月18日上午,由原华南女子文理学院暨附中校友会创办的新中国第一所私立女子大学——福建华南女子职业学院在新建的烟台山校址举行首届开学典礼。余宝笙院长在讲话中说明了以下几点:首先是办学初衷,是为了建设祖国,为我省经济发展服务的。其次是培养目标,"我们要培养的是一批一批又红又专、德才兼备、有扎实的科学文化知识、有很强的动手能力,将来在我省第三产业中,有作为的开拓型的妇女人才"。最后是办学措施,坚持"学用一致,在实践中学习"的教学原则,为每个专业配备相应的实验工厂、实验班级、实验基地,使学生能牢固掌握所学的知识并能熟练地运用;重视英语教学,"要求全体学生都能听、能说并能写英语的应用文",为我省对外开放和经济特区发展培养国际人才;重视计算机应用和经济管理知识教育,是"全校学生的必修课",为现代化企业管理培养人才;注重对学生进行思想政治的教育与事业心的教育,为学生将来走上社会"打好素质上的优良基础";注重因材施教,鼓励拔尖,"根据学生的不同才干",开设各种选修课或送外进修,使之成为"既能多面手,又有特别专精的一门技术"。以上五点是余院长的办学设想,充分体现了她的教育思想与情怀。

《余宝笙院长致词》是余院长在福建华南女子职业学院首届毕业生典礼上的讲话。文中她汇报了经过三年的辛苦耕耘,结出了第一批的果实,即将输送162名特区实用英语、儿童教育与咨询、营养与食品科学、服装设计工程等四个专业的毕业生走上工作岗位,工作区域是福州市以及个别外省和外县市。第一,余院长汇报了这批果实是受社会欢迎的,"我们的毕业生是受欢迎的。有的专业已经供不应求了"。福州市各企事业单位，特别是外向型企业纷纷来校要求推荐毕业生。第二，当年提出的重视英语教学的办学设想是正确的，具有前瞻性，"我们当初办学时明确规定三年英语不断线"，今天正好适应我省发展外向型经济的需要。"要人的单位几乎都提出他们需要既懂专业又懂英语的毕业生。"第三，她提醒毕业生们，三年时间是很短暂的，学习的知识和实践能力是有限的，要不断学习、终身学习，"你们一定要牢记这一点，永远勤奋学习，绝不能松懈！"第四，对她们提出殷切期望，"支持我们办学的人士只有一个共同的目的：就是希望多多培育妇女人才，提高全民族的素质，为振兴中华勤奋扎实地工作。你们千万不要辜负大家的期望"。第五，要求学生们牢记"受当施"校训，为母校的发展担负责任，"不但在各自的岗位上做好工作，努力奉献，还要为母校的发展尽心尽力，使我们福建华南女子学院越办越好，将来能成为本省培养高级妇女人才的一个重要基地，为我们福建经济的腾飞，做出特殊的贡献"。最后，祝愿学生成长成才，"用实际行动回答党的号召，在伟大祖国的社会主义建设事业中奋斗、成长"，始终不忘告诉学生报效国家，传承华南精神。

《余宝笙院长贺词》是余宝笙院长在1994年国庆迎新活动上的讲话，90岁高龄的她出席了庆典活动，表达了对我们的祖国45年来取得了举世瞩目的辉煌成就感到自豪。同时，为福建华南女子职业学院成立9年来，取得了十分可喜的成就表示感谢。她总结了学院的办学成就有两点：一是毕业生普遍受到社会的欢迎，连续七届都是供不应求；二是自己培养的一支青年教师队伍已经茁壮成长了，"她们可以分批、分期、逐步地走上学院的教学、行政领导岗位"。学院的发展后继有人，"我们学院有接班人了！"并且说明了学院取得的成就来自党和政府的领导，来自华南海内外校友们的支持，还需要发挥社会力量，得到社会各界的支持与帮助，还要来自学校内部的全体师生员工发扬艰苦奋斗、无私奉献的精神才能创造出来的。她勉励大家更加团结起来，要珍惜，更要努力奋斗，"增创新优势，更上一层楼"。

祖国，母亲！

去年，我在美国整整一年，这是我第三次到美国，也是时隔四十三年之后的一次旧地重游。岁月流逝，在异国我所熟悉的亲友都老了，深深怀念的老师、同学大多已不在人世。这不由令我想到自己也是古稀之年了。我同弟妹、朋友一见面，他们几乎都提出同样的问题："这些年您是怎么工作、生活的？""您留下吧，这儿的条件好，我们照顾您。"我理解同胞手足的诚挚挽留，更懂得如何安排自己的晚年。党和祖国正象当年我母亲那样期望着、呼唤着我，我要为之献出赤子之心。

我出生在一个医生的家庭，父亲当医院院长，母亲是护士。1924年，我才二十岁，母亲拿出八百块银元送我去美国读书。临走时，她千叮咛万嘱咐：要好好读书，毕业后不要留恋外国，要把知识带回来，记住我们是中国人，一定要回国工作。将来经济能独立，就不会被人欺侮。由于当时中国贫穷落后，我们在美国受歧视，租房子难，生活艰苦。为了求学，我发奋攻读，学习成绩都在优秀之列。我靠奖学金和假期劳动的收入生活，家里没有再寄钱来。四年过去了，我获得哥伦比亚大学化学硕士学位回国，在福州华南女子文理学院内创建了化学系。从那时起，我下决心献身于教育科学事业。1935年我再度赴美学习，用两年时间学完三年的课程，获得约翰斯霍普金斯大学的生物化学博士学位。我的导师、生物化学家麦卡伦是维生素A、B、C的发明者，在国际上享有很高的名望。他用赞赏的口气对我说："你是我唯一的能获得博士学位的中国学生，而且又是个女学生，中国妇女真不简单。"他热情地把我介绍给美国一个科学家荣誉学会当会员，这个学会给我发了一把金钥匙作纪念。这位年迈的科学家希望我留下来当他的助手，把未完成的研究课题继续下去。他一再说，继续研究下去，一定会有成就的。但我怀念祖国，恬念着华南女院的工作，婉言谢绝了他的好意。我已知道卢沟桥的战火已经开始，十分焦急地赶回国。到上海后，赶上了上海到福州的最后一条客轮。1937年是我国国难深重的年代，学校迁往南平，只搬走必需的教学仪器，无法开展科研活动。日本投降后，学校迁回福州。我们重整校园，建立了实验室，希望为国做出贡献，但那些年里，学校经费少、条件差，国民党当局并不重视教育，我们有力也使不出去，科研更无法开展。

福州解放了，由于我对党缺少认识，心里很紧张，生怕战火再毁掉新建的校园。第二天，我看校内没动静，就到街上听风声。我亲眼看到解放军在对湖的马路旁，顿时一股暖流涌上心头，这个军队与国民党军队大不一样，他们不会损害人民利益的。几天后，几位解放军同志问我们，马放在学校对面的小房子行不行？我们马上就答应了。他们走时，还把四周打扫得干干净净，这就是我对共产党的第一个印象。院系调整时，华南女院的教职员工都担心失去工作。没料到，共产党全部包下来，不论是合并进福州大学，还是成立师范学院，我们都安排了工作，还根据我们的学历、工作能力，担任相应的职务。原来没有当系主任的教师也当了系主任，我当上师范学院副教务长、科学研究部主任。我们从内心感谢共产党，觉得走社会主义道路有前途。那些年，大家尊敬我，推选我当上全国政协委员、省人民代表、省政协常委，1955年、1956年，我先后两次到北京参加全国政协会议，亲耳聆听了毛主席关于知识分子问题的报告。我还清楚地记得，毛主席、刘副主席、周总理走向我们，同我们一一握手的激动情景。毛主席与我握手时亲切地说："福建很远，交通不方便，你们还来了。"宴会席上，我们与周总理同席，周总理频频举杯向我们敬酒。党和国家的关怀温暖了我的心。那时，校内学习空气浓，教学质量不断提高，科研活动也逐步开展起来。1956年底，我校举办了规模较大的科学研究讨论会，邀请了全国各高等院校参加。我们的国家欣欣向荣，各条战线生气勃勃，这些都离不开共产党的领导。我的心是向着党的。

1957年，我在政治上受到委屈，"文化大革命"中又吃了苦头。那些年里，我连工作权利也没有了。我翻来覆去地写材料，这耗费了我十多年的主要精力。每交一份材料上去时，我都想，这要是一份教学讲义或学术论文，该有多好。我回首当年，出国是为了教育救国，振兴中华。1937年国家民族遭难时刻，我那能安心在国外久住。我想，会有这种情况：再了解自己的妈妈都有错怪女儿的时候，我不能要求党做的每件事都那么准确无误。1957年以来，我坚信，党总有一天会理解自己的，我也还有用上这些知识的时候。在这个思想的支配下，我不气馁，也不后悔，保持乐观的精神坚持自学。粉碎"四人帮"后，下放的教师们都回校了，我也恢复了工作。我看到党的政策在不断落实，觉得解决自己问题已到了水落石出的时候。1979年，我向组织上打了报告。不久，我的错案得到彻底平反。我建议成立生物化学研究室，这意见马上得到校党委的支持。我出于对亲属的眷恋之情，也希望学习国外新知识，向组织上申请出国探亲。弟妹们得知消息后，立即在美国办好定居手续，寄来定居表。尽管我只办探亲手续，我的福州一些朋友还议论我这次出国不会回来了。朋友们的想法，我能理解，我所受的挫折、遭遇及弟妹亲友们的亲切关怀，都会使人产生联想。我怎能离开祖国，辞别我工作多年的学校，在异国他乡了此余生而无所作为呢？校领导、同志们的热情欢送，希望我满载而归的情景，至今还浮现在眼前。党仍然尊重我，信任我，这将永远温暖着我的心。

到美国后，我被称为"尊敬的学者"，邀请去讲学，介绍中国情况。我还被请到明尼苏达大学生物化学研究所免疫研究室搞科研。我花了一个月时间查图书、听课、熟悉免疫化学的实验仪器设备，与两位助手紧张地做了六个月的实验，完成了一篇论文所应做的各种工作。这个研究所想留我工作，给我优厚的待遇。我说："中国正在搞四化，需要我回去工作。"许多华南女子文理学院的校友来探望我，我向他们介绍母校的发展变化，邀请他们回国探亲，讲学。校友们几乎都激动地握着我的手说："余老师，我们看到您就放心了，将来祖国需要我们做什么事，一定尽力去办，我们也要回祖国探亲，工作。"七十多位华南校友正在筹备成立校友会，准备给母校赠送图书和仪器。

今年 1 月，我准备告辞弟妹踏上归途时，在经济上资助我二十二年的弟妹含泪挽留我："姐姐，您非走不行吗？留下来，我们养您到老。"这是我踏上美国国土他们的第一句问话，也是末了的一句问话。我反复讲了，祖国现在急需人才，我身体还好，还可以再干十几年。不能工作后我有退休金养老，家里有侄儿、侄孙女的照顾，可以在温暖的大家庭中安享晚年。美国社会人与人的关系是金钱关系，孩子大了不与父母一块住，父母老了就得进老人院，老人院生活太孤单，我还是回到生我养我的祖国，过一个有意义的晚年。侄儿、外甥们来送我，我也象当年我妈妈叮嘱我一样叮嘱他们："你们是中国人，不要忘了祖国。"

我还有一个弟弟在香港一家医院当院长。我从美国归来途经香港，因为摔伤了，在他那个医院治疗了两个月。这个弟弟是解放后去香港的。他见过，听过国内的政治运动。他不理解我的遭遇，从不敢回来看望我。他疑惑地对我说："你受苦还受不够吗？为什么还要回去？"我说："我这一生经历都与祖国连在一起，党培养了我，正象我们妈妈培育我们一样。我已经平反了，恢复了工作，要在工作中挽回过去丢失的时光。"他仍说："我们要陪你到老，你却执意要回去，那只好让你走。今后如再有为难之处，一定要找我们来。"我劝慰了分离三十年的弟弟，"放心吧！我们党在 2000 年前都在搞四化，我余下的年头就是干四化了，不会再有波折的。"不久，他知道省政协邀请我回来开会，高兴地说："姐姐又得到人民的重视，可以回去了。"

祖国，我的母亲！您的女儿再一次回到您的怀抱，我想做的工作很多，一切都得从头开始。去年，我在美国只做了几种西药对人体的免疫作用。我想研究中药与治癌的关系，如猕猴桃对肿瘤的疗效等，使祖国传统的医学宝库现代化、科学化。我要象解放初期那样，使出全身的劲，拿出成果向我们伟大的祖国献礼。

（原载于《福建日报》，1981 年 6 月 11 日）

余宝笙院长在开学典礼上的讲话

各位领导,各位来宾、各位亲友、全体教职工同志们、首届全体新同学们:

今天是福建华南女子学院首届开学典礼,感谢省市领导和来宾的光临。

我们学院今年 5 月 1 日才破土动工,目前基建还没结束,只能因陋就简地先应付上课。我们的观点是教学第一,然后再逐步地改善环境,充实设备。今天请大家光临,真是"济济一堂"。我们现在还没有正式的礼堂,只好利用教室做会场,连正规的会议桌椅还没有,实在是委屈各位领导和来宾了。敬请各位多多原谅。

我们华南女子文理学院暨附中校友会去年 8 月刚成立。校友会成立的第一件事就是决定办一所女子学院,发挥国内外校友大多数从事教育科技工作并有广泛的社会联系的优势,为我省经济腾飞和改革开放的需要,在智力开发方面,特别是妇女的智力开发、人才培养方面做出我们应有的贡献。

我们的办学目的十分明确,我们要培养的是一批一批又红又专、德才兼备、有扎实的科学文化知识、有很强的动手能力,将来在我省第三产业中,有作为的开拓型的妇女人才。因此,我们详细地考虑,我们学院的办学措施有以下五点:

第一,我们的教学原则是学用一致,在实践中学习。我们的课程设置和教材内容都应该是专业所必需的知识,既要对口,又要少而精。为了使学生能牢固掌握所学的知识并能熟练地运用,我们为每个专业举办了实验工厂。我们与仓山区劳动服务公司联合办了福建华南女子学院仓山服装实验工厂,这是为服装设计工程专业办的。我们与仓前中心幼儿园联合办了福建华南女子学院实验幼儿班,这是为儿童教育专业办的。这两个实验基地都已经建立起来,欢迎首长来宾参观。春节以后,我们还要办一个营养食品专业学生实习用的实验餐厅,房子由校友赠送,地点很好,就在麦园路10号。我们正在积极筹备中,届时欢迎大家光顾。我们想,通过这些实验基地,把学生培养成既有扎实的理论知识,又有很强的动脑动手能力和经营管理才干的、未来我省第三产业的生力军。

第二,为我省对外开放和经济特区发展需要,我院各专业都必修英语三年,要求全体学生都能听、能说并能写英语的应用文,以便更好地为特区经济建设服务。

第三,计算机的应用和经济管理知识是全校学生的必修课,要求每个学生都能使用计算机,都有经济管理知识,为将来参加现代化企业管理做好准备。

第四,严格校风校纪的教育,特别注重对学生进行思想政治的教育与事业心的教育。我院全体学生都要参加学校各部门、各实验工厂的管理工作。我们学校是个新型的学校,学生是学校的主人,所以学校的管理、整洁等一切工作都要她们参加。我们的课堂教学时数要减少,实验时数要增加,学生自习的时数也要增加,这样使学生能培养成自己动脑、动手、能够自己独立工作的新型的大学生。我们希望学生能自己管理自己,互相教育,共同提高,培养集体主义思想和自强不息的精神,为毕业后走上社会打好素质上的优良基础。

第五,因材施教,鼓励拔尖。第一第二学年打好知识和技能的基础。第三学年,我们就开始分流培养。根据学生的不同才干,开设各种选修课或送外进修,使拔尖人才脱颖而出,不同类型的人才,例如适合担任未来厂长、经理、设计师等,各自得到进一步培养。毕业后,既是多面手,又有特别专精的一门技术,进可以自己创业,退可以谋求职业,就业的适应面比较大。

以上五点,现在还仅仅是我院的办学设想,通过三年的实践后才能形成我院的办学特色。要实现我院的办学设想,必须依靠全体师生的共同努力,尤其是同学们的努力。这里的老师大都已经年过半百,她们恪尽报国之心,广开有才之路，所以到了退休之年，还从祖国的四面八方以及海外定居地聚集到福州烟台山参加办学工作。广大校友们都非常热心，她们以捐款、捐物、捐地、捐房子等各种形式来表达自己热爱母校的心意。正因为来参加办学，担任教学工作的校友们都已经不年轻了，就说我，已八十多岁了，还有都是五十几岁，六七十岁校友，我们寄很大希望于在座的青年同学，希望你们能成为办好学校的主要力量。我院的办学设想要靠你们的努力实践才能变成现实。我院能否办出自己的特色，办出应有的水平，能否被社会所承认，也要靠你们的努力奋斗。总之，我们寄希望于同学们。

同志们，同学们，我们福建华南女子学院在短短的几个月时间里完成了建校、招生等任务，并能在今天正式开学，这同省委、省政府、省人大教科文委员会、省高教厅、福州市委、市政府给我们的热情指导和支持，仓山区委、区政府给我们的支持和帮助，福建师大党委、校行政给我们的具体指导与帮助，以及社会各界人士对我们的鼓励与帮助分不开的。今天就有香港华闽公司、省武夷建筑公司、省六建公司和华南西装厂大力支持我们。我代表我院全体师生表示深深的感谢，恳切希望省市领导和来宾们继续给我们支持和帮助，社会人士给我们鼓励和帮助，给我们的办学设想多多提宝贵意见，多加批评指教。

同志们，同学们，刚刚胜利闭幕的党的全国代表大会通过了中共中央关于制定国民经济和社会发展第七个五年计划的建议，十分强调科技教育和文化事业在现代化建设中所占的地位。建议认为，"七五"计划所要达到的经济发展的每一个奋斗目标都离不开智力开发，而智力开发的基础是教育。我们应该沿着党中央所指引的方向奋发努力。我们一定要办好我们这所新诞生的学院，在开发女子智力方面做出我们应有的贡献。谢谢大家。

（选自华南女子文理学院暨附中校友会通讯组编：《华南女子文理学院暨附中校友会简讯》第4—5期，1986年3月）

余宝笙院长致词

各位领导，各位来宾，各位董事，各位校友，全体老师，同学们：

今天我们福建华南女子学院在这里隆重举行首届毕业生毕业典礼，我想大家的心情都和我一样，感到格外的高兴。我们建校才三年，可以说经过三年的辛苦耕耘，已经结出了第一批的果实——我们即将输送162名特区实用英语、儿童教育与咨询、营养与食品科学、服装设计工程等四个专业的毕业生参加福州市以及个别外省和外县市的经济建设工作了。

从近两个月来，福州市各企事业单位，特别是外向型企业纷纷来校要求推荐毕业生的情况来看，我们的毕业生是受欢迎的。有的专业已经供不应求了。要人的单位几乎都提出他们需要既懂专业又懂英语的毕业生。我们当初办学时明确规定三年英语不断线，今天正好适应我省发展外向型经济的需要。同学们走上工作岗位，应该很好地运用自己所学的知识和技能努力为我省的改革开放服务，争取为我省发展沿海经济的战略实施做出自己应有的贡献。

另一方面，我也要提醒同学们：三年时间是很短暂的。你们所学到的知识，包括实践的能力，还是很有限的。走上工作岗位并不意味着学习的结束，而恰恰是新的学习的开始。你们一定要牢记这一点，永远勤奋学习，绝不能松懈！

在祝贺同学们毕业的时候，我还要对你们提一个希望：你们是亲眼看到我们的学校是怎样建立起来的。先期招生的29名同学来报到时，只看到我们的基建工地。其余130多名同学收到录取通知书时，学校还没有盖好。第一批外籍教师来校没地方住，她们在教室里住了一年。现在我们有了专家楼，还有一个二部。我们计划，短时间内再建一座教学楼。这一切都要感谢省、市政府的大力支持，感谢董事们和海内外校友们的热情帮助。当然，这也和我们全体师生，包括外籍教师的努力分不开的。我们首届毕业同学一定都能体会到，所有支持我们办学的人士只有一个共同的目的：就是希望多多培育妇女人才，提高全民族的素质，为振兴中华勤奋扎实地工作。你们千万不要辜负大家的期望。

同学们，你们的肩上还负着一个重任。因为从今天起你们已经成为华南的第五代校友了。你们要牢记"受当施"校训，不但在各自的岗位上做好工作，努力奉献，还要为母校的发展尽心尽力，使我们福建华南女子学院越办越好，将来能成为本省培养高级妇女人才的一个重要基地，为我们福建经济的腾飞，做出特殊的贡献。

党的十三大指出："中华民族的振兴，美好未来的创造，社会主义现代化事业的胜利，要靠全体人民的努力，归根到底，要靠广大青年继往开来，脚踏实地，艰苦奋斗。"全体毕业班同学们！请让我代表全校教职员工，祝愿你们坚决用实际行动回答党的号召，在伟大祖国的社会主义建设事业中奋斗、成长。坚定不移地沿着有中国特色的社会主义道路前进，就一定能创造出光辉灿烂的业绩，实现中华民族的伟大复兴！

（选自华南女子文理学院暨附中校友会通讯组编：《华南女子文理学院暨附中校友会简讯》第6期，1988年7月）

余宝笙院长贺词

大家好！祝大家节日愉快、身体健康、合家欢乐！

今天我们学院双喜临门、在庆祝我们伟大的祖国45周年国庆之际，又迎来了一批新的师生——新的中国老师和外国老师，以及可爱的一年级的新同学们。

我们的祖国45年来取得了举世瞩目的极其辉煌的成就。我们华南女子学院成立9年来，在祖国改革开放光辉的照耀下，也取得了十分可喜的成就。

我们的成就最主要的有两点：

第一，我们的毕业生普遍受到社会的欢迎，连续七届都是供不应求。

第二，我们自己培养的一支青年教师队伍已经茁壮成长了，她们可以分批、分期、逐步地走上学院的教学、行政领导岗位。我们学院有接班人了！

为我们的祖国培养了大批的跨世纪的接班人，这是我们学院9年来取得的最重要的成就。

这个成就是在党和政府的领导下取得的；

这个成就是在国际友好团体、海外华侨，特别是香港福建籍企业家们的帮助下取得的；

这个成就是在华南海内外校友们的支持下取得的；

这个成就是我院全体师生员工发扬艰苦奋斗、无私奉献的精神所创造出来的。

同志们！同学们！让我们更加紧密地团结起来，牢记江泽民总书记视察福建时的教导："增创新优势，更上一层楼"，再努力拼搏吧！

（选自华南女子文理学院暨附中校友会通讯组编：《华南女子文理学院暨附中校友会简讯》第9期，1995年6月）

陈明霞编撰

高士其

【题解】

高士其(1905—1988),福建福州人,中国著名科学家、科普作家和社会活动家,中国科普事业的先驱和奠基人。1928年,他在实验室里被脑炎病毒所感染,致使终身残疾,行动艰难,但他凭借坚强的意志和顽强的精神继续从事我国的科普工作,他自身所具有以及作品所宣播的科学精神、拼搏精神、奉献精神、爱国主义精神,值得人们学习铭记。

在《菌儿自传——我的籍贯》一文中,高士其对"菌儿"的起源进行了描写。文中,他以"菌儿"为第一人称的口吻,十分形象生动地阐述了科学界对于细菌起源的认识的发展过程,尤其着重描写了第一位发现细菌的科学家的发现经过,运用拟人的手法对其进行了描写,读来十分有趣。

《细菌与人——谈细胞》体现了高士其的爱国主义精神。高士其以谈细胞为索引,用"细胞"来代称人,细胞虽小,实力不强,但胜在多。我们人类也是一样,当时我们民族的生存正面临着极大的威胁,但是我们人多,只要我们团结起来,就一定会取得最终的胜利!

在《抗战与防疫——战时更须加紧布防》一文中,高士其以极其动人的笔触来说明,在战争时期,我们更加应当注意对于细菌的警惕,并且对帝国主义和细菌这两个"敌人",我们应当运用科学的知识和团结来进行抵抗和应对。

在《生命的起源》一文中，高士其从地球的历史、显微镜下、化学的变化三方面对生命的起源进行了探讨，其中运用了地理学、生物学、历史学等专业知识，且语言平实易懂。

《漫谈粗粮和细粮》是高士其1954年1月和伙食委员、经济专家、营养专家等专业人员在一次营养座谈会上的讨论内容。文章从主食和副食的关系、粗粮和细粮的区别、人体所需的营养成分、粗粮的价格和口感等方面进行了讨论，让我们对粗粮和细粮有了更加深入的了解。

菌儿自传——我的籍贯

我在化验室里听他们谈论我的来历。

有些人就说，土壤是我的家乡。

有的以为我是水国里的居民。

有的认为我是空气中的浪子。

又有的称我是他们肚子里的老主顾。

各依各人的试验所得而报告。

其实，不但人类的肚子是我的大菜馆，人身上哪一块不干净，哪一块有裂痕伤口，哪一块便是我的酒楼茶店。一切生物的身体，不论是热血或冷血，也都是我求食借宿的地方。只要环境不太干，不太热，我都可以生存下去。

干莫过于沙漠，那里我是不愿去的。埃及古代帝王的尸体，所以能保藏至今而不坏者，也就为着我不能进去的缘故。干之外再加以防腐剂，我就万万不敢去了。

热到了60 ℃以上，我就渐渐没有生气，一到了100 ℃的沸点，我就没有生望了。我最喜欢暖血动物的体温，那是在37 ℃左右罢。

热带的区域，既潮湿，又温暖，所以我在那里最惬意，最恰当。因此又有人认为我的籍贯，大约是在热带罢。

世界各国人口的疾病和死亡率，据说以中国与印度为最高，于是众人的目光又都集在我的身上了，以为我不是中国籍，便是印度籍。

最后，有一位欧洲的科学家站起来说，说是我应属于荷兰籍。

说这话的人的意见以为，在17世纪以前，人类始终没有看见过我，而后来发现我的地方，却在荷兰国，德尔夫市政府的一位看门老头子的家里。

这事情是发生于公元1675年。

这位看门先生是制显微镜的能手。他所制的显微镜，都是单用一片镜头磨成，并不像现代的复式显微镜那么笨重而复杂，而他那些镜头的放大力，却也不弱于现代科学家所用的。我是亲尝过这些镜头的滋味，所以知道得很清楚。

这老头儿，在空闲的时候，便找些小东西，如蚊子的眼睛，苍蝇的脑袋，臭虫的刺，跳蚤的脚，植物的种子，乃至于自己身上的皮屑之类，放在镜头下聚精会神地细看，那时我也杂在里面，有好几番都险些被他看出来了。

但是，不久，我终于被他发现了。

有一天，是雨天吧，我就在一小滴雨水里面游泳，谁想到这一滴雨水，就被他寻去放在显微镜下看了。

他看见了我在水中活动的影子，就惊奇起来，以为我是从天而降的小动物，他看了又看，疯狂似的。

又有一次，他异想天开，把自己的齿垢刮下一点点来细看，这一看非同小可，我的原形都现于他的眼前了。原来我时时都伏在那齿缝里面，想分吃一点"入口货"，这一次是我的大不幸，竟被他捉住了，使我族几千万年以来的秘密，一朝泄漏于人间。

我在显微镜底下，东跳西奔，没处藏身，他眼也看红了，我身也疲乏了，一层大大厚厚的水晶上，映出他那灼灼如火如电的目光，着实可怕。

后来他还将我画影图形，写了一封长长的信，报告给伦敦"英国皇家学会"，不久消息就传遍了全欧洲，所以至今欧洲的人，还有以为我是荷兰籍者。这是错认发现我的地点为我的发祥地。

老实说，我既是这边住住，那边逛逛；飘飘然而来，渺渺然而去，到处是家，行踪无定，因此籍贯实在有些决定不了。

然而我也不以此为憾。鲁迅的阿Q，那种大模大样的乡下人籍贯尚且有些渺茫，何况我这小小的生物，素来不大为人们所注视，又哪里有记载可寻，历史可据呢！

不过，我既是造物主的作品之一，生物中的小玲珑，自然也有个根源，不是无中生有，半空中跳出来的，那么，我的籍贯，也许可从生物的起源这问题上，寻出端绪来吧。但这问题并不是一时所能解决的。

最近，科学家用电子显微镜和科学装备，发现了原始生物化石。在非洲南部距今31亿年前太古代地层中，找到长约0.5微米杆状细菌遗迹，据说这是最古老的细菌化石。那么，我们菌儿祖先确是生物界原始宗亲之一了。这样，我的原籍就有证据可查了。

（选自高士其：《高士其全集·1》，航空工业出版社2005年版）

细菌与人——谈细胞

军队的单位是兵士，国家的单位是人民，生命的单位是细胞。

兵士，我们常看见，人民便是我们自己；细胞二字，有点生疏我们不大懂。

细胞是不是小肉包呀？我看胞字，肉之旁有包，包之旁有肉，因此想起。

是了，是了，我们中国人不是称兄弟做同胞吗？就是说同一小肉包所生。不过，这里胞字系指子宫的胞衣。我以为还应当指细胞更为切实。

不但兄弟二人，是同一细胞所生，就是四亿七千万中国人，就是世界所有各民族,地球上一切生物,也都是由一粒原始细胞生下来的,所以"天下一家"这句老话,说得非常对。

以小肉胞来形容细胞,很有点像。细胞的中心有胞核,好比肉包的肉心;外面有一层胞浆,好比肉包的包皮。可是这块肉包儿似的东西,身体小得很,小到人眼看不见。小虽小,在那胞核里面,却包藏着一切生的原动力啊。

既是人眼看不见,怎生知道细胞的来历呢?

这是显微镜的功劳。

显微镜,这东西,一般人都买不起,除非走到生物实验室里去参观,很少有和它见面的机会。它的构造相当复杂,我们现在只要知道它是一件科学宝贝罢了。

有了这科学宝贝,可以把微小的东西,放大至几百倍,或1000倍以上,于是连苍蝇的蛋,也可以看得如鸡蛋一般地清清楚楚了。

苍蝇的蛋,就是一粒细胞,一粒颇大的细胞。由那一粒蝇蛋,变成一只大苍蝇,不知要积了好几千,好几万,一样大小的细胞才成。可见细胞真小。

还有比苍蝇蛋略小的细胞,要算是"阿米巴"了。

"阿米巴",又名"变形虫",是最小的单细胞动物,一身只有1粒细胞。它的直径,最长不过0.3毫米,不能再大了,再大了就要分身,1粒细胞裂成为2粒,变成2个阿米巴。

比阿米巴再小的细胞,就是一般人素不熟识的细菌。

细菌是最小的单细胞植物,大约比阿米巴还小几十倍至百倍。它的细胞,太简单了,有时看不出胞核和胞浆的分别来,因而有人说它并没有胞核,又有人说它全身都是胞核。它也是用分身法来传种,而它分身的花样,可多着哪。这小小的细菌,生殖又快,又容易,所以子孙众多,地盘最大,真是最作怪的细胞。

还有比细菌更小几十倍至几百倍的小生物,真是小到绝顶了。这些绝小的生物,连显微镜都看不见,所以有时称做"超显微镜的生物"。关于它们的消息，都是用间接的方法得来的。它们虽和人眼这样地隔膜，却没有和人类绝缘，天花、疯狗咬（狂犬病），这一类的传染病，就是由于它们所发生。但，它们一身，有没有一粒完完全全的细胞，还是只有一点儿，一滴儿，零零碎碎的胞浆呢？真是渺茫得很，我们一般人也不必深加追问了。

细胞不仅是那么样地，一个小过一个，大的细胞也有。大的细胞多半是动物的蛋。

虽然哺乳类动物的蛋，因为是生在子宫里面，所以也大不起来。女人的蛋只有 1/4 毫米，真是好容易变成我们这样大个子。母老鼠的蛋，又比女人的蛋，小了 1/4 了。

然而，鱼的蛋就大得可观了。蛇的蛋又大了。鸟的蛋更大，乃至于长颈脖大脚子的鸵鸟，鸵鸟的蛋，实是蛋中的大王，细胞中最大的汉子了，这些蛋，都是生在身体外面，所以不得不大，不得不有蛋黄，蛋黄是蛋细胞的滋养料，占一粒蛋的大部分，可见蛋细胞的本身，仍是大得有限的啊。

至于普通动物身上的细胞，大小相去不远。最小的如小淋巴细胞，也有 6.5‰ 毫米的直径。最大的，如神经细胞，如骨髓细胞，也不过大至 1/10 毫米。其余的细胞，大小都在 1‰ 与 2‰ 毫米之间。都须用显微镜，才看得清楚。

细胞的大小，实在没有多大关系，不占若干便宜。鸵鸟固然常自夸它的蛋最大。然而它那大蛋，变来变去，只变出一只鸵鸟，不会变成更大的动物，一旦遇着一只金睛斑斓猛虎，还要拉起腿就跑，拼命地逃难。巨象的细胞，比小老鼠的细胞只大一点儿，会长出那样粗皮厚掌，利牙长鼻，雄赳赳的样子，就是狮子见了，也要恂恂地让它走过。

细胞的实力不在大，而在多，不在个身的独肥，而在群众的平均发展与一致团结。细胞团结起来，是生命最伟大的力量，是任何环境压力，所不能屈服的啊！

在山东离曲阜县城不远的孔林，孔老夫子的墓就在那里。这位大圣人身上细胞早已化光了。虽然是化光了，而现在他的奉祀官孔德成先生，还含有孔子细胞的成分，所以孔子虽死去那么久，至今他的细胞，仍留传于人世。我们不姓孔的中国人，也和孔子的后代一样，至少都含有一点点黄帝细胞的成分吧。由黄帝传到现在，这个中华民族细胞的生命，是数得清的，是整个的，是一统的呀。

现在我们民族的生命，感到绝大的威胁了。国内连年的灾荒兵匪，已把我们民族的细胞，饿得极瘦小疲乏了。国外敌人又半用武力，半用狡策，步步进攻，咄咄迫人，要剥削、残杀，灭亡我们民族的细胞。而那些汉奸以及不抵抗主义者们，只顾自身细胞的独肥独富，卖国求荣，不激发全民族抗争的力量，迁延误国。在这国家生死存亡的关头，只靠几个政府要人的折冲，少数军队的移动，是靠不住的啊！我们要全体民众总动员，全民族的细胞团结起来，一致对外。

东非的黑细胞，犹轰轰烈烈，决死抗战，不甘受意人的统治，我们堂堂华夏，岂容别的民族的细胞来主宰。

中国民众起来吧！我们中华民族细胞团结的力量，斗争的精神，是任何外力所不能屈服的啊！

1935 年 12 月 1 日　上海

（选自高士其：《高士其全集·1》，航空工业出版社 2005 年版）

抗战与防疫——战时更须加紧布防

素来就不大灵动而是官僚式的卫生机关，恐怕被那大炮炸弹的巨声一震就停了。于是更使病菌得势了。

德国是那样讲究卫生的国家。德国人是那样爱吃腊肠腌肉的。平时对于肉的检查是特别谨严的。然而在欧战期间，他们因忙于杀人，对于食物毒细菌的防御，不免松弛了。于是在这食物巢窝里的病菌，都得意洋洋，兴旺了一时。

战争爆发了，兽窝里的病菌如果也趁火打劫，军用马、军用犬、军用鸽等都有发生疫病的危险了。防御的法子是见一头病畜，杀一头病畜，立刻把它埋了消毒了。杀死那害群之马，其余的就安全了。英国的马鼻疽症本来是很凶，在1893年受害的马多至2133头。自从在1907年宣布了屠杀病马的法令之后，1925年那一年一数，受害的马只有两头了。

病菌的兽窝里，还有那可怖的老鼠。鼠疫的话有些太长，这里不去说它。单说那欧战的时候，在西线的战事上，德军和联军都得着一种急性黄疸病，据说是皮肤的伤口沾染上一些儿老鼠尿了。

病菌的虫窝呢？

在战时就有斑疹伤寒的病菌，利用身虱作它的坦克车。欧战时在俄国及中欧一带是最盛行的。

身虱又被战壕热病菌所利用了。欧战时每一个战区里都很流行着这时髦的战疫。

这身虱的活动，全靠着人身的不干净、不洗浴。然而战争的环境，怎能使兵士都干净呢？然而要免除这些可怕的疫病，就得扑灭虫媒，扑灭虫媒最适当的办法，又是在维持人身的干净多洗浴呀！

真是好战的人类落入细菌的圈套里去了！

现在我们到了病菌的土壤巢窝的大门口了。这里是抗敌的战士们和救护人员等所应严重的注意啊！

这些土壤里的恶菌，平时难得到人身，战时正是它们示威的机会啊！它们凭着不需空气的好本领，又拥着一身坚实的芽孢，能持久和人体恶斗，真不是儿戏呀！

它们随着弹丸、碎片、尘土污物，从伤口而深入人体已经破烂了的组织。那儿是死气沉沉地没有抵抗力，一凭它们的侵蚀。

高士其

在这里，救治的人就应当将伤口的腐皮烂肉，一切污物，迅速除去，迅速洗净，赶快消毒，赶快防护，它们就要放出狠毒的毒素了。在伤口没有缝好之前，尤当缜密地检查，病菌有否潜伏在里面。受伤的兵士，十之二三死于枪弹，十之七八死于病菌。这些病菌简直就是活动的达姆弹呀。

然而，科学又战胜了细菌。

这些土壤里的毒菌，如破伤风毒菌，如产气荚膜毒菌，如水肿毒菌，如腐败毒菌，这些怪菌，它们都各有各的毒，我们也都个个发明了抗毒针。打一针进去，毒就软化了。我们又可以制成混合的抗毒血清，来扫清混合的毒菌。

这打针的勾当，真是战时防御细菌的妙算。免疫疫苗，抗菌血清，抗毒血清，如此等等，这些药品都是反细菌战的法宝。不过打针要打得早，不可一味地挨延，挨延就要坏事了。

> 时已迫了！寇已深了！民众起来自卫吧！
> 细菌原是我们的小冤家。
> 帝国主义者，这凶恶的坏蛋！
> 要使我们的皮肉溃烂吗？
> 我们也不怕也不逃难。
> 用科学的抵抗力，
> 团结起来来抗敌。
> 先消灭这小冤家，
> 再打破那大坏蛋！

（选自高士其：《高士其全集·1》，航空工业出版社2005年版）

生命的起源

我今天给大家讲人类历史上的第一个故事，也是生物世界的第一个故事。这故事告诉我们天下的生物都是远亲近戚，这故事的题目叫做《生命的起源》。

人类有史以来，就对"生命的起源"这个问题动过脑筋了。在不同的时代，有许多伟大的思想家，都对这个问题产生了极大兴趣。这问题曾引起了许多科学家、哲学家、宗教家的热烈辩论，引起了激烈的、广泛的、尖锐的思想斗争。

让我们睁开眼睛看一看周围的自然界吧。我们随时都可以看到生物和无生物。在生物世界里，我们发现无数种类的动物和植物，什么虫呀、鱼呀、鸟呀、兽呀；什么花呀、草呀、树呀；真是形形色色非常热闹。但是在这里我们会碰到一个问题：从简单的微生物起到最复杂的人类止，各种各样的生物之间究竟有没有什么共同的特点呢？有的，那个特点就是"生命"。生物和无生物之间究竟有什么区别呢？有的，那个区别也就是"生命"。那么"生命"究竟是什么呢？最初的"生命"究竟是什么样子呢？"生命"究竟是怎样产生出来的呢？

这些都是很不容易解答的问题。因此，一般人对于生命的起源总是搞不懂，有些人就凭空造谣，信口胡说，捏造出种种虚假的故事来。

第一种虚假的故事就是"上帝"的故事：

这故事告诉我们，宇宙万物都是"上帝"创造出来的。"上帝"在六天之内就创造了全世界。而且在第三天他创造了植物，在第五天创造了鱼类和鸟类，在第六天创造了兽类，最后创造了人，先创造男人，再创造女人。第一个男人的名字叫做"亚当"，他是"上帝"用泥土做成的，"上帝"吹了一口

高士其

气他就活了起来，从他的身上取下一根肋骨，就造成最初的女人"夏娃"。

第二种虚假的故事就是"灵魂"的故事：

这故事告诉我们，原来我们的身体并不是活的东西，只有等到"灵魂"投到里面，才会活起来；"灵魂"就是"生命"。人死了以后，"灵魂"便离开躯体投到别处去了。看管这些"灵魂"的人就是魔鬼、神仙和菩萨。这种说法，在我们中国也是很流行的。

第三种虚假的故事就是自然发生的故事：

这里所谓自然发生是说虫呀、鱼呀、鸟呀、鼠呀这些小动物们不但是从同类中产生出来，而且又是直接从自然中发生出来的。

例如：鱼和蝌蚪是从污水和河底淤泥里自己产生出来的。小老鼠是从垃圾堆里产生出来的。苍蝇是从粪土和腐肉里产生出来的。虱子是从人汗里产生出来的。

有这样看法的人，都忽视了一件事实，就是这些不干净的地方，也正是小动物们的巢窝，和它们生育的地方。生物是不可能像这个样子突然地自然发生的。

这些虚假的故事，都为剥削阶级所利用来欺骗人民。

我今天所要讲的，是关于"生命的起源"的一个真实的科学的故事。这故事是根据许多科学家的试验和观察而得来的，是集合近代天文学、地质学、化学和生物学的研究成果而说明的。

这故事也是出发于唯物主义观点的。

唯物主义的看法，认为生命的本质是物质的，生命是物质存在的一种特殊形态，生物和非生物之间并没有打不通的界线。

唯物主义的看法，认为生命不是立刻可以产生出来的，它是自然发展的一个阶段，它是一步又一步地由低级而高级、由简单而复杂地发展起来的。因此，要追求生命的起源，我们必须从地球和历史上去研究，从最简单的生物的生活中去研究，从生物的化学构成中去研究。

我现在就把生命起源这个科学的故事分作三部分来讲：

第一部分，从地球的历史看生命的起源。

第二部分，从显微镜下看生命的起源。

第三部分，从化学的变化中看生命的起源。

从地球的历史看生命的起源

一、我们的地球从什么时候开始有生命

我们知道太阳里面是不会有生命的。根据科学家的估计，太阳表面的温度有 6000 ℃，内部的温度更高，因此不会有什么生物存在。

按照拉普拉斯的假说和其他旧的说法，认为原始的地球是一团火焰，一团正在燃烧中的气体，直到现在还有火山爆发的现象，喷射出来的火焰里面奔流着各种气体和熔化的岩石，据说这些岩石的温度也常常达到 1000 ℃ 左右。在这种温度下，是不可能有生物存在的。

按照苏联科学家施密特院士最新的理论，原始的地球是由许许多多尘埃质点聚集凝结而成的。在这个时候地球是冷的，在地球形成之后，由于地球内部放射性元素的蜕变而放射出大量的热，这种热超过了地球放射到空间去的热，在这个时候，地球只可能热起来不可能冷下去。到了后来，地球内部放射性物质减少，地球才开始冷却，这是几十万万年以前的事。

当地球温度增高的时候，地球上物质就变为可塑性的，轻的就慢慢地升起来，重的压下去，地面上就起了凹凸不平的皱纹，充满了热腾腾的水蒸气，凸处成为高山，凹处蒸汽冷了变成水就成为海洋。在原始海洋里，到了环境和气候都适合于生物生存的时候，才开始出现最原始、最简单的生命。

二、地层里的化石告诉我们些什么

什么是地层呢？

地质学家告诉我们，地壳的构造是分成一层一层的，这就叫做地层。愈在下面的地层形成得愈早，年代也愈远，愈在上面的地层形成得愈晚，年代也愈近。

什么是化石呢？古生物学家从这些地层里发掘出一种东西。这种东西，大部分都是生物体的坚硬部分，如骨骼和介壳之类，年代久了，在地层里变成了石头而保存下来。还有一部分是生物的印痕，如爬行动物的足迹和树叶的形态等，在适当的条件下被保存下来。在化石的发掘和研究中，世界各国的古生物学家都发现生物在地层里出现有一定的顺序，愈是低等的生物出现在愈古的地层里，因此对地层的研究，可以说明地球上生命发展的历史。

地层的研究，还可以使我们说明鸟类和兽类发源的历史。不管是鸟类或是兽类，都是爬行动物变来的。虽然当时地球上还没有人类，但是我们根据地层的研究，却可以断定有这种事实。

我们向地层一层一层地发掘下去，愈走愈古远，我们可以走到这样的年代——那时候在我们的地球上，非但没有鸟类和兽类，甚至没有爬行动物类，没有两栖类（水陆两处都可以住家的动物，如青蛙），也没有鱼类。因为地球上的生命并不是从鱼类开始的，在鱼类之前，在古代的海洋里，还生存着许多各种各样的比鱼类还要简单的动物。属于这种动物的有海绵、珊瑚、水母等。但是就是这些动物，也还不是生命的起源。科学再往地层里深入，在那里可以发现更简单动物的遗迹，但是这种遗迹我们很难看得清楚，因为时代已经这样古远，这些遗迹就很难保存得好，也因为这种生物离开现在的动物是这样远，简直和现在的动物没有类似的地方。

所以，从地层的化石我们知道，地球上的生命产生得非常之早，并且是从很简单的生物开始的，但是，这究竟是什么样的生物呢？并且它们又是怎样产生的呢？要明白这个问题，我们要依靠别的法子来研究。

从显微镜下看生命的起源

一、显微镜揭穿了细胞的秘密

显微镜是一架构造相当复杂的工具，可以把平常看不见的东西放大到几十倍、几百倍、几千倍。平常看不见的东西，在显微镜下就可以看得清清楚楚了。我们人类和动植物的身体，不论哪一部分，都可以切成很薄很薄的薄片加以染色（切成薄片加以染色是因为这样才可以使细胞的轮廓分明，内容清晰），放在显微镜的下面来看，就可以发现我们人类和动植物的身体都有一个共同的特点，一个共同的结构，那就是"细胞"。细胞是什么呢？过去认为细胞就是生命的最小单位。但是这种说法现在看起来，是不正确的。因为现在我们知道还有比细胞更小的生命存在。不管怎么样，细胞总算是构成我们身体的很小很小的东西了。细胞里面都有一个核，叫做细胞核；细胞外面都有一层薄膜，叫做细胞膜；在细胞膜和细胞核之间充满了原生质。我们的身体就是由许多这样的细胞和细胞之间的物质结合而成的。我们人体的各部分细胞的形状，都不相同，有神经细胞、有肌肉细胞、有骨骼细胞、有皮肤细胞等。这些细胞各有它们自己不同的任务，由于它们的分工合作，我们的身体才能够顺利地生长发育。

不但是这样，生物学家又告诉我们一个事实，这个事实就是我们人类和动植物，在很古远的时代以前，都有一个共同的祖先，那个共同的祖先，就是一种最简单的单细胞生物。我们现在的生物世界，也就是由这种最简单的单细胞生物发展而来的。

但是我们在这里又发生一个问题了，这种极简单的单细胞生物，是不是我们地球上生命的最初起源呢？不是的。最近科学的发现告诉我们，地球上的生命并不是从单细胞生物开始的。极简单的单细胞生物，固然比其他生物为简单，但是它的内部构造仍然是很复杂的，它无论如何，还不是最简单的生物。

二、细胞也可以从蛋白质变成

研究细胞的科学，差不多有 100 年的光景，因为受了德国科学家微耳和的学说影响，认为细胞的前身必定也是细胞，细胞只能由细胞产生。因此，各种生物的身体只是细胞大大小小的集团罢了。后来恩格斯从唯物主义的观点来看细胞的起源，指出了微耳和的这种说法是错误的。恩格斯并不否认细胞是用分裂的方式来繁殖的，但是他断言，细胞也可以由蛋白质发生。很显然，当地球上出现生命的时候，细胞就是按照这个方式变成的。细胞是从原始的没有结构的蛋白质慢慢变成的。因此，蛋白质是构成细胞的主要成分，而同时也是细胞发展的基本来源。没有蛋白质就没有生命。

这个理论，最近已经由苏联科学家的研究完全证实了。当他们研究蝌蚪的时候，发现在蝌蚪的血液里没有细胞结构的卵黄球会转变成血球。这个发现指出了，细胞不一定只能由同类的母细胞发生，而且能够由没有细胞结构的"生活物质"转变而成。于是他们就选择了各种各样的含有"生活物质"的东西做研究的对象，进行了大量的研究工作。这些"生活物质"就是没有细胞结构而含有蛋白质，同时能进行新陈代谢作用的东西。他们最初研究了鸟、鱼和青蛙的卵。当研究鸡蛋的时候，他们发现了卵黄球转变成为细胞的全部过程。后来他们又研究水螅，用机械的方法，把水螅的细胞一个个都破坏了；但是经过了一小时之后，在他们所培养的东西里面就出现了许多针尖般大小的极小极小的小滴子；这些小滴子逐渐长大，长成许多没有显著的内部结构的蛋白质小块；这些蛋白质小块，加上一些养料，经过一昼夜，就转变成细胞的形态了。所有这些试验，告诉我们细胞能从某些没有细胞结构的更简单的"生活物质"变成。

三、肉眼看不见的微生物世界

显微镜的发明不但揭穿了细胞的秘密，还给我们开阔了一个新的世界，这个新的世界，就是我们肉眼看不见的微生物世界。

在微生物世界里，有三个国家。

第一个国家，是原虫的国家。在这一个国家里的居民，有各种各样的原虫：变形虫、鞭毛虫、纤毛虫、芽孢虫，这些都是原虫的代表。它们虽然都是以单细胞的身份出现，但是内部结构并不简单。它们有许多都是人类和动物体内的寄生虫。他们算是动物界第一代的祖先。

第二个国家，是水藻的国家。在这个国家里的居民，有各种各样的水藻，它们的细胞里面都有叶绿素，有吸收阳光的能力，把碳酸气和水转变成糖类。它们算是植物界第一代的祖先。

第三个国家，是细菌的国家。在这个国家里的居民，有各种各样的球菌、杆菌和螺旋菌。有些细菌体内含有芽孢，有些细菌身上带有荚膜，有些细菌头上长有鞭毛。但是它们的细胞里面，并没有一个完整的看得出来的细胞核。因此，细菌实在是很小很简单的单细胞生物了。

让我们来看一看细菌的生活吧！细菌是无孔不入的活动家，它们在空气中流浪，在水里游泳，在土壤里翻身，在人类和动植物身上搬家。它们旅行到哪里，哪里就会发生重大的变化。有许多细菌都是生物界有名的坏蛋，它们是使我们发生传染病的战犯，它们破坏我们人类和动植物的健康。但是有些细菌对于人类也有益处，因为它们会发酵，人类就利用它们来造酒、做面包和酸菜，有些细菌不需要空气，也能够生存，它们对于土壤的改造是起一定作用的。有的细菌，会吸收空气中的氮，把它固定起来，这对于植物的生长是有功的。还有些细菌生活非常简单，依靠一些无机物也可以过日子，它们也能够在岩石上和温泉旁边生长。

细菌既然是这样渺小，生活又这样容易而简单，它们生长的区域又是这样广阔，地球上到处都有它们的踪迹。那么细菌是不是地球上最原始、最简单的生命呢？不是的。

四、还有比细菌更小的生物

还有比细菌更小更简单的生物，它们小得连显微镜也看不见了。这种生物的名字，叫做"滤过性病毒"。

为什么叫它们滤过性病毒呢？叫做滤过性，是因为它们能够穿过一种用瓷做成的滤器。因为洞孔很小，用这种过滤器来滤含有细菌的汤水，细菌都滤不过去，而用来滤含有滤过性病毒的汤水，就会滤过去了。有些滤过性病毒常常带给我们天花、流行性感冒、伤风、脑炎、沙眼以及其他许多动植物的传染病。

这些滤过性病毒比细菌还要小几百倍、几千倍。最近科学家又发明一种更高度的显微镜，叫做电子显微镜，它可以把所要看的东西放大几万倍、几十万倍，于是用普通显微镜看不见的引起天花和流行性感冒的滤过性病毒，在电子显微镜下面也现出原形来了。

很明显的，提起滤过性病毒，我们已经走近生物和非生物的界限了，因为这些滤过性病毒的体积比蛋白质分子只大二三倍，而且最小的滤过性病毒比最复杂的蛋白质分子还要小，滤过性病毒也许就是一种特殊复杂的蛋白质吧！

从化学变化中看生命的起源

一、蛋白质和其他一切有机化合物都含有碳元素

上面讲过，没有细胞结构的生活物质的主要成分是蛋白质，比细菌还要小的滤过性病毒，也是一种特殊的蛋白质。由此可见，在生命起源这问题上，蛋白质所占地位显得重要了。蛋白质就是一种很复杂的有机化合物。什么是有机化合物呢？凡是构成动植物身体的物质，以及用动植物身体作原料所制造出来的东西，很多都是有机化合物，例如酒精、醋酸、蔗糖、葡萄糖、淀粉、油和脂肪，以及其他各种各样的食品、衣料、药品、燃料、香料、染料等。那么这些有机化合物究竟和无机化合物有什么区别呢？化学家告诉我们，有机化合物就是碳元素的化合物。有机化合物在它的构成中，都含有碳的成分，有机化合物的主要成分就是碳。我们可以用简单的试验来证明这一点，如果我们拿了一些有机物，如木材、布、皮革、毛发、猪肉之类放在没有空气的地方，加热到很高的温度，就都会变成碳。相反的，如果我们拿了一些无机物，如石头、玻璃、金属之类，怎样加热也不会变成碳的。

有机化合物，就是碳元素和其他各种不同的元素的化合物，这些不同的元素里，包括有氢、氧、氮、硫、磷、铁以及其他等。各种有机物，都是这

些不同的元素和碳结合而成的。

二、蛋白质和其他一切有机化合物最初是怎样产生的

碳元素是一种非常普遍的元素，在各种天体上，在恒星上，在太阳系的各大行星上，在大大小小的流星上，都可以发现它的存在。

这些碳元素，有的时候是以天然的形态出现，如金刚石和石墨；有的时候是和金属熔化在一起；有的时候是和氢化合在一起。

科学研究证明了，我们的地球在最初形成的时候，它上面的碳元素，也是以这些形态出现的。

当地球开始形成的时候，碳元素就和其他各种元素在一起，尤其是和各种更难熔化的东西，各种重金属，特别是铁发生关系，结果产生了碳元素和金属的化合物，这就是地球中心轴的主要组成部分。

后来地球温度慢慢增高了，这些难熔化的金属元素，也大量地储藏在地球的中心轴上面，它们就变成了现在的矿山和山脉的薄膜，这些薄膜遮住了地球的中心轴。

当我们的地球还在年轻的时候，这些矿山和山脉的薄膜，比较现在是稀薄得多，而且很不坚固，比较容易破裂，经过那些裂缝和缺口，地球中心轴的物质便涌流和喷发到地面上来，它们就和地球周围的大气接触。

今天包围着陆地和海洋，罩盖在地球表面上的大气，主要的成分是氧和氮。氧占大气全部的 21%，氮占大气全部的 78%。但是在最初的时候，地球的周围并不是这样，而是充满了热腾腾的水蒸气，这水蒸气就和喷射在地面上的金属碳化物的火流接触了。

在这种情形之下，究竟发生了些什么呢？我们知道金属碳化物和水蒸气的相互作用，能产生碳元素和氢元素的多种化合物，也就是"碳化氢"。

这些碳化氢于是开始和水蒸气结合起来，变化得非常迅速，结果产生了许多复杂的有机化合物。因为在水的分子里所包含的原子，除了氢以外，还有氧，所以在新产生的化合物的分子里面，就包含了碳、氢、氧三种不同的

高士其

原子。

在那时候，还有一种气体也大量地存在地球的周围中，这种气体叫做氨。氨就是阿莫尼亚。阿莫尼亚是一种氮和氢的化合物。那时候碳化氢不但和水蒸气发生关系，而且也和阿莫尼亚发生关系。在这种情形之下所产生的化合物的分子，已经是由碳、氧、氢和氮四种不同的原子构成了。

最初，碳化氢和由它们所形成的更复杂的有机化合物，是以气体的状态存在地球的周围。后来因为地球表面的温度逐渐降低了，在它周围中的水蒸气就凝结起来，变成了地球上原始的海洋。碳化氢和由它们所形成的化合物，就变成了这海洋中的熔化物。

碳化氢和它们所形成的化合物，是包含有伟大的化学力量的。如果我们利用它们作基本原料，就可以在实验室中，人工地制造出差不多所有一切复杂的有机化合物。用碳化氢和水，化学家可以制造出酒精、醋酸、油类和糖类，以及美丽的染料，芬芳的香料；如果同时再加上阿莫尼亚，就可以制造出各种氮素的有机化合物，其中也包括类似蛋白质的东西。

在无数有机化合物中，最重要的而引人发生兴趣的，就是蛋白质了。我们能在血液、组织、谷物、蔬菜中，在最简单生物的细胞中，在人体中都可以找得到它。

蛋白质的确是生命物质的基础。恩格斯曾经指出：凡是有生命存在的地方，我们都能发现蛋白质，它是与生命分不开的。

关于蛋白质的问题，科学家已经研究了100多年，可是它依然顽强地保守着它的秘密，有好些关于蛋白质的理论，也没有被科学试验所证实。

苏联科学家谢林斯基院士和他的同事格夫利洛夫教授，较早解决蛋白质分子构造的问题。科学家们揭开了这一复杂物质的秘密，说明了它的构造，指出了人工制造蛋白质的一些方法。

苏联科学家奥巴林告诉我们，碳化氢和由它们所构成的化合物，不但在实验室里，就是在原始海洋的水中，也能够变成糖类和蛋白质，以及其他复杂的有机化合物。

这些有机化合物，虽然变化得很慢，但是它们会不断地引起新而又新的化学变化，由小而大，由简单而复杂，逐渐产生了构造很复杂的有机化合物。这样的由于水和碳化氢中间的相互作用，在原始海洋的水中，发生了一连串的连续变化，形成了复杂的有机化合物，特别是蛋白质。我们今天地球上的一切生物，就是由这些有机化合物所构成的。

三、从有机物的溶液到蛋白质的小滴子

上面所讲的有机化合物，最初不过是以一种溶液的状态存在于原始海洋中，它们是谈不到有什么组织和结构的。但是自从有了蛋白质，而且这种蛋白质溶液是和其他种类的蛋白质的溶液互相混合在一起，它们就变成了一种混浊的溶液，在这里面浮游着蛋白质小滴子，这些小滴子的科学名字叫做"团聚体"。

什么是"蛋白质小滴子"呢？如果我们在一定的温度条件下把白明胶、鸡蛋清和其他类似蛋白质的溶液互相搅和起来，那么本来是透明的溶液，就要变成混浊的了。如果我们把它放在显微镜底下看一看，就可以看见轮廓粗糙的、游动着的小滴子，这就是蛋白质小滴子。

这种在溶液里浮沉着的蛋白质小滴子，已经具有一定的内部结构了。它们里面包含的微粒，不是没有秩序地排列着，而是有一定的规律。由于蛋白质小滴子的出现，自然界中就开始有了一些有组织和结构的东西了。虽然这种组织和结构还是很简单，而且不是很结实的。

可是这种组织和结构的出现，对生命的起源具有很大的意义。因为每一个蛋白质小滴子，能够在不同的溶液里捕取周围的东西，把它们吸收在自己的体内，而且它们就这样长大起来了。

在我们研究现代最简单生物的组织和结构的时候，我们就能够一步一步地推想，蛋白质小滴子的组织和结构，起初是比较简单的，后来经过自然选择，逐渐变成复杂，逐渐变得完善了。这些变化最后的结果，必定会引起

高士其

"突变"的，引起生活物质新形态的出现，引起最简单生物的产生。

这种原始的最简单生物的构造比蛋白质小滴子已经有显著的进步了，但是它比我们知道的现代的最简单的生物还要简单得多。自然选择继续进行，经过了许多年以后，它们越来越适合于它们的生存环境，同时生物的机体也越来越有组织了。

最初这些原始的简单的生物，都是以有机物为食品的。过了一个时期，这些有机物不够吃了，于是一些原始生物，又学会了依靠无机物来生存的本领。有些原始生物，能吸收阳光，利用这种能力以碳酸气和水分为主要原料，制造自己身体所需要的有机物，这样就出现了最简单的植物——蓝绿色的水藻。这种水藻的化石，可以在最古的地层里发掘出来。

其余的原始生物，都保留着以前的营养方法，于是那时候的水藻，又变成了它们的主要食物来源，细胞里的有机化合物，就被它们利用了。动物界最初的形态就是这样产生出来的。

四、从单细胞生物的产生到人类的出现

原始的海洋是生物的家乡。自从蛋白质小滴子出现之后，生命继续发展，到了原始生物更能适应环境、气候等的生存条件，于是小小的单细胞生物，如细菌、原虫和水藻之类，就统治了全世界。

又过了几千万年之后，在海洋的水里，出现了多细胞生物，如水母、软体动物、棘皮动物，跟着而来的就是三叶虫；三叶虫的出世，夺了单细胞生物的宝座，成为大海霸王。我们今天所见到的昆虫，都是它后代的儿孙。

再过了几千万年，大鱼小鱼都出世了。

以后又出现了出没水陆的动物，号称两栖类。又过了一个时期就有爬行动物的出现。这些洪荒时代的爬行动物，都是奇形怪状，庞大无比。

两栖类和爬行类都没有自己维持一定体温的能力，因此，它们都是冷血动物。

地面的气候，一天比一天冷了。鸟类和哺乳类动物就依循着爬行类的继

续发展道路而出现，它们都是热血动物。哺乳类动物以猿为最聪明，它利用两手攀登树木，剖吃果实，渐渐有起立步行的趋势。由于生产劳动的结果，古猿学会了创造工具和使用工具，大脑和双手的合作也越来越密切，越来越发展，因此就能够克服困难。这样，猿就变成了人。

总　结

从地球的历史研究生命的起源，我们所得到的结论是地球上的生命产生得非常早，几万万年以前就有最简单的生物出现了。这种最简单的生物，就是我们现代一切生物的祖先。

从显微镜下研究生命的起源，我们所得到的结论是细胞是构成我们动植物的身体的东西。而这些细胞，不但是由同类的细胞所产生，而且也可以由蛋白质发展而成。我们一般在普通显微镜下所能看见的最小最简单的生物是细菌，但是还有比细菌更小更简单的生物，那就是滤过性病毒（而且我们还不能说就没有比滤过性病毒更小更简单的生物了）。这种滤过性病毒，也就是一种特殊的蛋白质，也就是一种生活物质。这些事实都证明了，生命起源的线索要到蛋白质里面去找。

但是蛋白质是一种有机化合物，它和其他一切有机化合物都是从碳元素变化而来的。地球上的碳元素，最初是和金属元素熔化在一起，后来碳元素就和地面上的水蒸气接触，而变成碳氢化合物，这些碳氢化合物又和水蒸气、阿莫尼亚相结合，变成了各种各样的简单的有机化合物。这些简单的有机化合物，在原始海洋的水中，经过了许多相互作用，变成了更多更复杂的有机化合物，后来就产生了蛋白质。

蛋白质和其他一切有机化合物，起初是以溶液的状态出现，后来团聚起来，变成了蛋白质小滴子。最初这些蛋白质小滴子的结构比较简单，后来越变越复杂，越变越完备，逐渐发生了本质的变化，最后变成了原始的生物，变成了地球上一切生物的祖先。

高士其

这样,地球上的生命,从开始到现在,从简单到复杂,一共经过了许多阶段的变化,主要的可以分作下面几个阶段:

1. 从碳元素到有机化合物(包括简单的蛋白质);
2. 从有机化合物的溶液到蛋白质小滴子,到原始的生物(这原始生物就是和生活物质以及滤过性病毒相类似的东西);
3. 从原始的生物到没有完整细胞结构的生物(如细菌);
4. 从没有完整细胞结构的生物到单细胞的植物和动物(如水藻和原虫);
5. 从单细胞的植物和动物到多细胞的植物和动物(如三叶虫);
6. 从多细胞的动物到鱼类;
7. 从鱼类到两栖类到爬行类到鸟类和哺乳类;
8. 从猿到人。

从有机物的产生到人类的出现,这中间经过了几万万年的时间,我现在只花一个多钟头就讲完了,讲得未免太简略了。

你们听过了这一篇演讲之后,也许在心里都会产生这样一个问题:为什么在今天的自然界里不会发生同样的事情呢?为什么现在的生物只能够由同类生物产生呢?我们知道生命发展的过程,是需要很长时间的变化。而现在任何有机物的溶液,不论在哪里出现,都会很快地被散居在空气、水和土壤里的细菌所分解。所以它就不能经过长期的变化,而变成有生命的蛋白质小滴子。

但是,也许我们可以在实验室里,用人工制造生命。现在科学已经能够详细地研究出生物的内部构造,我们一定能够用人工的方法制造出这种结构。

我讲的是一个真实的科学故事,这和宗教的、唯心的说法根本不同。这故事说明了,对于生命起源的唯物的看法,就是说生命不是精神的东西,而是物质的一种特殊形态,它们是在自然历史发展的一定阶段上产生出来的。这种对于生命的唯物主义的认识,给我们开辟了一条宽阔的道路,使我们能够解放整个生物界,来为我们人民服务,为我们伟大的祖国服务,为全人类的幸福服务。

1953 年 1 月

（选自高士其：《高士其全集·2》，航空工业出版社 2005 年版）

漫谈粗粮和细粮

在一次营养座谈会上，我们讨论粗粮和细粮的问题，在座的有好多位伙食委员、经济专家、营养专家等。现在我把我们座谈的内容总结如下：

首先，我们谈到主食和副食的关系。

我们的伙食都是以粮食为主的，所有的粮食，如米饭、馒头、窝头、烙饼等，都是主食。所有的小菜，如青菜、豆腐、鱼、虾、肉、蛋以及水果等，都是副食。

我国广大人民过去由于生活困难，在伙食方面养成了一种习惯，就是只注意主食而不注意副食，只注意吃饭而不注意吃菜，人们把大部分伙食费都花在主食方面。有许多单位和家庭把 80% 的伙食费都花在主食方面，只有很少一部分花在副食方面。

到了解放以后，因为国民经济状况逐步好转了，大家都富裕了一些，都想吃得好些，可是很多人就不想到在副食上多花些钱，而光是想把粗粮换成细粮。有好些学校、机关、团体负责伙食的同志们，也犯了这个毛病，他们把大部分的伙食费买了白米、白面，结果副食费就很少了，不够补偿白米、白面的缺点，使大家不能得到所需要的营养。这样就使得好些人从前在伙食不好的时候还不常患什么营养缺乏病，这时候吃得"好"了，倒反而患病了。

为了满足我们身体对营养的需要，我们应当多增加些副食。白米、白面的绝大部分，在化学上说来，是碳水化合物（白面中还有一部分蛋白质），它所起的作用，主要是供给我们身体的热和能。副食除了有主食的这种作用以外，还供给我们身体所需要的其他营养成分。

但是为了要普遍满足广大人民对副食的需要，我们还必须促使国民经济进一步发展。这里包括着发展工业来推动农业的机械化和大量兴修水利工程以及发展畜牧业和渔业。在目前的经济情况下，要改进广大人民的营养条件，除了适当地增加副食以外，还必须在主食方面解决一部分问题。这就是：调剂主食，把主食的种类增多，吃细粮，也吃粗粮。

其次，我们谈到粗粮和细粮的区别。

细粮是指白米、白面，粗粮是指一般杂粮，这里面有：小米、高粱米、玉米、杂合面、黑面、荞麦面等。

各种谷类的蛋白质成分各不相同，因此，它们的营养价值也不相同。这是因为，蛋白质是由各种不同的氨基酸组成的，一种谷类的蛋白质可能只含有某几种氨基酸，而缺乏其他几种。我们的身体需要各种不同的氨基酸。假使我们平常只吃一种粮食，就使我们的身体得不到充分的、各种不同的氨基酸。因此，粗粮细粮掺和着吃，是有好处的。

从维生素方面来讲，粗粮也有它的优点。我们知道，胡萝卜素是甲种维生素的前身，它在动物的体内能转化成为甲种维生素，可是它在细粮里面的含量是太少了，在小米和玉米里面它的含量就比较多。硫胺素（一号乙种维生素①）和核黄素（二号乙种维生素②），都存在于谷皮和谷胚里面，因此它们在粗粮里面的含量也比细粮高。至于说到其他维生素如尼克酸（也叫做烟碱酸）和无机盐如钙质和铁质等，一般也是粗粮比细粮含量高。

第三，我们谈到我们身体所需要的营养成分。

我们身体每天所需要的营养成分，就是碳水化合物、脂肪、蛋白质、无机盐和维生素等，因此，我们每天所吃的食物里面也必须含有它们，一种也不能缺少。

---

① 现称维生素 B_1。
② 现称维生素 B_2。

碳水化合物的作用主要是供给我们身体的热和能。

脂肪的作用，除了供给热和能以外，还能保持体温，保护神经系统、肌肉和各种重要器官，使它们不会受到摩擦。

蛋白质是构成我们身体组织的主要材料，它能使我们身体生长新的细胞和修补旧的组织。正在生长中的儿童应该多吃含有蛋白质的食物，使他们发育成长。正在恢复期间的病人和产妇，也需要多吃含有蛋白质的食物，来修补被破坏了的组织。

无机盐有很多种，它们的作用都不一样：铁是造血的原料，钙是制骨的器材，磷是大脑、神经、奶汁、骨的建筑用品，碘可以预防甲状腺的肿大，其他如钠、钾、镁等也各有各的用处。

维生素也有许多种（已发现的有 30 来种，其中有些是有机酸，有些是别种有机化合物），它们是生活机能的激动力，是日常食物中必不可少的物质。吃了充分的维生素，我们的身体才能达到均衡的发展。它们还能加强我们身体的抵抗力，不仅能帮助白血球和抗体抵抗传染病的侵犯，而且还可以预防各种营养不足的病症。

如果我们的身体缺乏了甲种维生素，就会得夜盲病和干眼病。得夜盲病的人一到了傍晚，眼睛就看不清东西了，厉害的就会变成瞎子。得干眼病的人，最初的病症是眼球发干，眼泪少，后来渐渐发炎，出很多的眼屎，再坏下去就会流血流脓，眼球上起白斑，到后来眼球烂坏，眼睛就瞎掉了。

如果我们的身体缺乏硫胺素，起初是胃口不开，精神不振，情绪不佳，易发脾气，消化不良，晚上睡不着觉，心脏跳动没有规律，思想不集中，后来就得了脚气病，两腿瘫软，不能直立行走，这就是干性脚气病。如果心脏受了障碍，影响了血液循环，就有两腿浮肿的现象，这就是湿性脚气病。

如果我们的身体缺乏了核黄素，就会发生口角炎、唇炎、舌炎，或者有阴囊皮炎、颜面皮肤炎等症状。

如果我们的身体缺乏了尼克酸（也是一种乙种维生素），就会发生神经、皮肤和肠胃系统的各种症状。神经症状严重的人会发呆。皮肤症状最常见的就是癞皮病：皮肤发炎、红肿、发黑变硬、起皱纹、有裂缝。肠胃症状主要的是腹泻，拉出的屎像水一样，混杂着未消化的食物，气味难闻得很，有时候可以一天拉30多次；如果治疗不当，也可以引起死亡。

如果我们的身体缺乏了丙种维生素[①]（这种维生素虽然不存在粮食里面，但也是我们不可缺少的一种营养成分；一切新鲜的蔬菜和水果，如辣椒、番茄、橘子、橙子、柚子、柠檬、白菜、萝卜等里面都有它），骨头容易变质，牙齿容易坏，微血管容易破裂出血，结果就会成为坏血病。

丙种维生素在我们身体里面，可以促进抗体的产生，增加人体对于传染病的抵抗力。

此外，还有丁种、戊种和子种等各种维生素，在这里就不一个一个细讲了。

这样说来，我们的食物里面所含有的各种营养成分，对于我们的身体是非常需要的。可是，这些营养成分，在精白细粮里面的含量不能满足人体的需要，大多数的粗粮里面才有充足的含量。吃细粮，也吃粗粮，我们身体在这方面的需要就能得到完全满足。这样看来，粗粮细粮都吃的人的身体比单吃细粮的人好，难道还不够明显吗？

第四，我们还指出了粗粮的价钱比细粮贱。

有一位经济专家说："白米白面，不但营养价值不如粗粮，而且价钱反而贵得多。譬如说，一斤小站大米价格是二角一分，一斤白面约合到一角九分，而一斤小米只有一角四分，一斤玉米面只要一角二分。这就是说，买一斤小站大米的钱，够买一斤半小米；买一斤白面的钱，也可以买一斤九两多玉米面。那么，我们为什么不掺和着吃些粗粮，省下钱来多买一些副食品吃呢？"

说到这里，有一位有胃病的同志提出了疑问，他说："粗粮怕不会比细粮容易消化吧？"

---

① 现称维生素C。

营养专家说:"我们必须从影响消化的各种因素来看问题。先要看我们的食物里面所含的粗纤维多不多。任何食物都含有一定分量的粗纤维,粗纤维有刺激肠蠕动的作用。如果食物所含的粗纤维过多了,肠蠕动受了过分的刺激,使食物在比较短的时间内就通过消化器官,以致消化液不能有充分的时间发挥分解食物的作用,便会造成消化不良。但是如果粗纤维含量过少了,也会影响肠蠕动不良,容易引起便秘。因此,食物中有适当含量的粗纤维(每天每人5~10克),那是必需的。有些粗粮如高粱和小米,粗纤维的含量不比细粮高,其他粗粮的粗纤维的含量,除了大麦、莜麦之外,也不至于对消化有什么影响。

"容易消化不容易消化再要看怎样煮法。大米煮熟以后是比高粱米和小米煮熟后消化得要快一些,但是如果将大米磨成米粉,再用水来煮,它的消化速度和经过同样处理的高粱粉和小米粉并没有什么区别。

"容易消化不容易消化更要看怎样吃法。有许多人吃东西是采取狼吞虎咽的办法,不经过咀嚼,没有发挥唾液的消化作用就吞下去,这样的吃法,不但粗粮不容易消化,就是吃细粮也一样不会消化完全的。此外,每次吃的分量,也会影响到消化的能力。

"还有,人体消化器官的功能和饮食习惯也有很大的关系。没有习惯吃粗粮的人,吃了粗粮之后先是不容易消化的,到习惯以后,一样可以很好地消化这些粮食。"

最后,有些同志提出粗粮好吃不好吃的问题。

他们说:"吃粗粮虽然比吃细粮好,但是粗粮究竟没有细粮好吃呀!"

营养专家说:"白米、白面比较粗粮容易做得好吃些,但是人们觉得白米、白面好吃,有一部分还是由于老的习惯。这种习惯是可以逐渐改变的,觉得好吃不好吃的标准也是可以逐渐改变的。况且,粗粮如果能稍稍加以精制和调和,也可以使它更适合人们的口味。在粗粮的制作方面,只要能注意多种多样化,时常改变花样,就可以提高人们对粗粮制品的兴趣。把小米面、玉米面和黄豆面三种混合起来吃，不但营养价值能增高，滋味也是很好的。"

我们在主食中吃粗粮以后，就可以将节余下来的伙食费，增买一些蔬菜。每人最好每天吃到蔬菜一斤，其中有一半是叶菜，尤其是绿叶菜（绿叶菜含有丰富的胡萝卜素和丙种维生素）。在冬季绿叶菜比较少些，可以多吃豆芽和甜薯，这两种食物都含有很丰富的丙种维生素。其他副食品要看经济条件而定，如果不能吃到鸡蛋和瘦肉、肝类的话，就多吃些黄豆制品如豆腐等。

此外，在烹饪操作上也还有几点要注意的地方：

（一）维生素大多数都是有机酸，它们都是怕碱的，所以做饭、做菜都不要加碱，免得维生素受到破坏。

（二）丙种维生素和乙种维生素都是容易溶解在水里的，它们又都怕热，所以不要用热水洗菜，应该先洗后切，切好马上下锅。洗米的时候次数也不要洗得太多，不使这些维生素损失掉。

（三）把米或其他食物放在不透气的蒸锅里蒸，不用火焰直接来煮，是一种很好的烹饪方法，蒸汽的压力不但能使食物熟得快，而且食物的营养成分也能够保存下来。

我们的党和毛主席是关心我们每一个人的健康的。我们的伙食，如果按照上面所讲的原则来改善，我们的健康状况一定可以提高，大家将有更充沛的精神和体力投身到祖国的经济建设事业中去。

1954 年 1 月

（选自高士其：《高士其全集·2》，航空工业出版社 2005 年版）

杨来恩编撰

蔡尚思

【题解】

蔡尚思（1905—2008），福建德化人，著名历史学家，中国思想史研究专家。历任上海大夏大学讲师，复旦大学、沪江大学、光华大学、东吴大学、武昌华中大学、无锡国学专修学校教授，沪江大学副校长、代校长、校务委员会副主任委员，复旦大学历史学系主任、副校长、顾问。在各大学教授的主要课程有中国学术大纲、中国历代文选、中国思想史、中国通史、中国政治史、中国社会史、中国教育史等。从蔡尚思的相关教育文选中可看到，他比较侧重中国教育思想史人物、流派的研究，对孔子、朱熹、王夫之、梁漱溟、陶行知、杨贤江等人教育思想的介绍和评述，有些观点颇具见地，也有观点彼此颉颃似可再予探讨。如关于朱熹的教育思想，蔡尚思1988年6月在武夷山朱熹研究中心成立大会作了《朱子学研究的新方向》的发言，说道："人们只知道我在解放前曾批评过朱熹，却不知道我也很敬重朱熹……朱熹给我的影响是很大的，也是很好的。我要感谢他给我树立了做学问的榜样。"对蔡尚思这位享年103岁、经历过清末到21世纪多阶段历史的资深学者的教育著述，应取辩证的思想、立场、方法，以利我们能客观、立体、多侧面地进行分析和推介。

在文章《孔子的教育思想·以培养"君子"为办学宗旨》中，蔡尚思认为，孔子的办学宗旨是"造就'弘道'的君子"，培养能够实现其政治理想的人才，使弟子上者成为王佐，下者成为吏材，因而特别要求学生做"君子儒"，不做"小人儒"。蔡尚思认定：即使春秋末期社会很需要具有多种技艺的实干、实务人才，孔子也不想让学生去做生产者，他冷淡地拒绝樊迟希望学一些种五谷、蔬菜以自食其力的要求，"他的学校里，完全不让学生知道稼穑艰难"；孔子也不想门下弟子去做专门家，很不满冉求帮助季孙氏改革军赋制度，"非吾徒也，小子鸣鼓而攻之可也"，故"他的学校里，学生也没有机会学习先进的专门知识"。蔡尚思分析道，孔子所谓"君子"的涵义很狭窄，平民和奴隶不在其内，"执国命"的陪臣也不得厕身于君子之列，"只是指传统的高贵者，即世卿大夫以上的贵族，虽然春秋以来这个阶级已在没落下去"。蔡尚思同时也看到，孔子所办的私学"不是传统的贵族子弟学校"，他反复教训弟子必须懂得"谋道"与"谋食"、"学"与"禄"的关系，主张"君子多乎哉？不多也"，专以礼乐射御书数这六艺为教学内容，"希望学生都成为君子"，不但在教养上，也在其实际的社会地位上。当代有研究者提出，对孔子要达成的"君子"培养目标，较可取的一个路向，是从《论语》阐论的君子"能""位""为""爱"这四个维度进行建构性审察。

《朱熹的书院教育与礼教思想》一文，蔡尚思阐述了三方面的内容。在"一、朱熹以礼教为宗旨的书院教育"中，蔡尚思认为：朱熹的教育目的，是所谓的三纲五常，即儒家的礼教；朱熹把学校分为"学其事"的小学与"明其理"的大学，只是两个时期而非两事；朱熹主张学校所用的教材课本，应是《大学》《中庸》《论语》《孟子》这"四书"，配合《诗》《书》《礼》《易》《春秋》这"五经"，以后"封建王朝以《四书五经》为科举取士的标准"；朱熹所订《白鹿洞书院学规》，是书院办学宗旨的主要代表，"后世书院一直奉为标准"。在"二、朱熹把礼教发展到最高地位"中，蔡尚思提出：朱熹在董仲舒的基础上，把三纲理学化了；朱熹所说的道德、道理、天理，翻来覆去，同是伦常礼教，若违反伦常礼教，就会违反上天而使天地易位；朱熹强调理在事先，伦常礼教是先天的、未有人类以前就有的，三纲五常是天经地义、万古不变的真理；理学以儒家的礼教为主，以佛、道的玄学为次，朱熹以孟子的嫡传而集周敦颐、程颢、张载尤其是程颐理学之大成自居。在"结束语"中，蔡尚思的小结是：从发展观点和事实来说，朱熹发展礼教是新陈代谢、后来居上；福建出了朱熹这个人物，既是幸事，又是祸害，朱熹在他生、长、逝之地福建，"变成大神了"；建议纪念任何历史人物的学术讨论会，都应该采取实事求是的态度，纠正传统的不正之风。

《王船山学术思想资料分类选评·教育思想》是蔡尚思1985年出版的《王船山思想体系》中的一文，主要内容含如下两部分。第一，强调教育决定人性。蔡尚思认为，王船山不赞成性善、性恶、性善恶混、性三品等各种人性论，而主要根据孔子"性相近也，习相远也"的观点提出了自己的人性论：1. 人有高于其他动物的天性。2. 人性虽为天的阴阳二气之秀者所赋予，但也不能起决定作用，人们只有继续努力，才会使"性"日趋于善。王夫之强调性的善不善由后天决定，人的后天性因人们受到不同生活环境的影响而有君子与野人之分，更重要的在于"继"，使后天的性日趋于善，而不能偏企"不学而能，不虑而知"。同时蔡尚思提出，王夫之也不否认人有先天的善性，并不彻底主张"学知"反对"生知"，"是主张'学知'而兼主张'生知'的"，人们在评价王夫之的人性观点时，既要看到他创新的一面，又要看到他为旧传统束缚的另一面，只有这样才能忠实于历史事实，作出比较全面的评价。第二，强调维系君臣父子的伦理关系，并主张对人们进行以忠孝为内核的道德教育。在此处的摘选内容和本册书的"政治思想""文学思想"等述论处，蔡尚思认为王夫之思想中的"君臣关系同于天性关系与血统关系"，"强调平治天下决定于君"，而事君之心在于"忠"，"士大夫之责"在于"匡维世教以救君之失"；对包括父子伦理关系在内的王夫之几乎所有的思想，蔡尚思都理解为是以儒家孔子的传统礼教为中心的："他根本就是儒家的见地"。蔡尚思的见解，自是一家之言，有些亦可加以商榷，因为当人们读到王夫之诸如"一姓之兴亡，私也；而生民之生死，公也""古者，诸侯世国，而后大夫缘之于世官，势所必滥也，士之子恒为士，农之子恒为农，而天之生才也无择，则士有顽而农有秀，秀不能终屈于顽而相乘以兴，又势所必激也"之类的言论时，会很真切地感受到王夫之教育、政治思想另具的超逸儒家自有新创的天地和格局。

蔡尚思的《梁漱溟思想的评介·教育思想》写于1950年2月，他认为，与哲学思想、社会思想一样，梁漱溟的"教育思想，也是传统的"，具体包括：1. 发挥固有文化的高等教育——民国十年梁漱溟提议筹备设立曲阜大学，以孔子的信徒而到孔子故乡去做阐明孔子文化的工作，希望"由中国的孔化而到全世界的孔化"；2. 渐进主义的教育与建设——梁漱溟主张只有从一点一滴的教育着手，才可以一点一滴的建设；3. 统制思想与养成柔性——梁漱溟反对学生自治与治校，主张对学生思想进行甄别，把学生养成柔性服从的习惯以便统治；4. 心理学上的男女无法平等——男子的心是世界上最独立、最完全自由活动的一种力量，女子的心比男子的心浅，不用生气的事她也容易生气，不用着急的事她也容易着急；5. 连心学家礼教家也管不了自己——人能管住他自己的很少，难以杜绝发生什么不规则的行为；6. 哲学不是尽人可学的学问——宇宙人生本是巧妙之极，而一般人确实愚笨之极，各在极端，当然两不相遇，因此哲学的教育仅是少数人所能享的一种权利；7. 先有成见的研究方法——梁漱溟倾向先自己有一套思想再来看孔家诸经，看孔经后又先有自己的意见再来看宋明人的书，始终拿自己的思想作主，而不是虚心地使自己去就问题。对梁漱溟"也是传统的"教育思想，蔡尚思的评价是否客观平正，蔡尚思所持的批评甚或批判的态度是否可取，我们不妨试读之后再下析断。

《陶行知、杨贤江反礼教的教育思想》一文，是蔡尚思《中国礼教思想史》中的第八章第五节。蔡尚思认为"陶比杨在办学实践上更有名，杨比陶在教育理论上更正确"，将对陶行知和杨贤江教育思想的述评，置于其"反礼教"的视域中，甚有新意。蔡尚思认为，陶行知的生活教育思想"具有历史的进步意义",具体表现在:1. 打倒吃人的礼教;2. 反对以天理来压迫人欲;3. 把儿童解放出来;4. 恋爱、教育也是生活教育之一;5. 特殊势力造成"伪知识阶级";6. 反对只顾孔颜曾孟的教育;7. 中国普及教育多半是女子教育问题。这七点,切中了陶行知生活教育的本质论、领域论、知识论、儿童创造教育论、普及教育和女子教育论,对陶行知教育思想的提要和勾勒颇为到位。蔡尚思评价说"在近代中国,杨贤江确是一位少见的教育家",撰成中国最早的一部马克思主义教育理论著作《新教育大纲》,其革命教育思想的内涵是:1. 教育必须反对尊孔复古,新思潮终究要战胜旧思潮;2. 反对旧礼教、基督教不把女子看作人,反对女子隶属于男子的特权之下;3. 妇女的经济地位比政治、教育问题更重要,消弭诸矛盾皆需以解决妇女的经济问题为前提。这三点,探及杨贤江的革命救国立场和教育本质变质理论。应该说,基于对民国时期整体社会情势的回视反思,蔡尚思对陶行知和杨贤江教育思想的阐述分析均多含精审之见。

孔子的教育思想·以培养"君子"为办学宗旨

一切学校,总以培养和造就人材为指归,这在古今中外是一致的。问题在于要培养和造就什么样的人材,这在阶级社会里,不同的人们就有着很不一致的看法。

孔子究竟想教育学生成为什么样的人呢?

他想引导学生去做生产者么?不是。人们都知道他反对学生从事劳动的故事。樊迟要求孔子教一教怎么种五谷,种蔬菜,无论其主观愿望是为了"教民",还是企图"避世",总之是要求学点自食其力的本领,自然不能说坏。然而孔子不但冷淡地予以拒绝,还在背后骂樊迟是"小人",并由此说了一通"焉用稼"的所谓道理。相传周公在教育成王的时候,还说过"知稼穑艰难","则知小人之依",虽然同样把种庄稼看作"小人之事",但终究还要求贵族青年懂得它的艰难。而孔子连学生在这方面的愿望都不许发生,可见他的学校里,完全不让学生知道稼穑艰难。

他想引导学生去做专门家么?也不是。孔子以"多能"出名,除了文事,还会武艺,汉朝人还传说他"智过于苌弘,勇服于孟贲,足蹑郊菟,力招城关,能亦多矣"。快跑能追上野兔,举重能顶住城门,而且会捕鱼,打猎,养牛羊,做会计,办丧事,在当时的确要算有实际技术的人物。但别人说孔子多能,他反以为耻,说:"吾少也贱,故多能鄙事。君子多乎哉?不多也。"君子是不应该多能的,所以会干很多鄙人之事,无非表示年轻时地位卑贱。他还对学生说:"吾不试,故艺。"由于不见用,所以才有技艺。抱着这种观念,他怎么愿意学生成为具有实际技艺的专门家呢?而春秋末期的社会条件,恰恰很需要这样的专门家,尤其需要懂得军事和经济的专门家。因而孔子便不能不时常同当时的社会需要发生冲突。例如卫灵公向他请教军事知识,他分明懂得一点,却道是"军旅之事,未尝学也",带着学生就走。又如冉求是孔门弟子中间最能干实事的一人,因为帮助季孙氏改革军赋制度,便使孔子大生其气,说是"非吾徒也,小子鸣鼓而攻之可也"。可见他的学校里,学生也没有机会学习先进的专门知识。

这也不是,那也不是,剩下的只有一个目标:培养动口不动手的君子。那正是孔子办学校的目的。"子谓子夏曰:'女为君子儒,无为小人儒。'"即是证明。

如前所述,孔子把人分为君子与小人。他极其重视这个区别。《论语》四百九十二章,记录孔子及其弟子谈论君子与小人的,便有六十多章。

所谓小人,在孔子那里,是个涵义广泛的概念,"一谓微贱之人,一谓无德之人"。就是说,判断是否小人,有出身与道德两重标准。但在阶级社会里,道德总是阶级的道德,因而实际上只是一重标准,即出身是否卑贱。而在春秋末期,所谓卑贱者,即小人,指的是非贵族出身的一切人。例如冉求,已做到了季氏宰，在鲁国有很大权力，但是，"季孙使从于朝，俟于党氏之沟。武叔呼而问战焉，对曰：'君子有远虑，小人何知？'懿子强问之，对曰：'小人虑材而言，量力而共者也。'"武叔即孟懿子，做过孔子的学生，与冉求同门同辈，就因为他是世袭的大夫，而冉求则是大夫的家臣，所以尽管冉求权重于他，却不能不在他面前自称"小人"。可见，过去有一种意见，以为孔子说的小人，是指劳动人民，或指被剥削被压迫者，这种解释不正确。正确的解释，应该是指陪臣以下所有的人，包括非贵族的统治者，平民和奴隶。

因此，孔子所谓的君子，涵义必然很狭窄。平民和奴隶不在其内，自不待言；就是当时统治者中的一大部分人，例如已上升到"执国命"地位的陪臣，也不得厕身于孔子说的君子之列。这个概念，只是指传统的高贵者，即世卿大夫以上的贵族。虽然春秋以来这个阶级已在没落下去，但由于传统的惰性力量，具有贵族家世或身份的人，在社会上仍然被看作有教养的"君子"。孔子就认为他们才是真正的大丈夫，才配具有他所说的最高的美德："君子而不仁者有矣夫，未有小人而仁者也。"正因如此，孔子对于自己因做过鲁国司寇而获得的大夫身份，极为珍视。即使他最爱的弟子颜回死了，他也不肯卖掉车子去给颜回的棺材加个外椁，理由就是"以吾从大夫之后，不可徒行也"，就是说必须保持君子风度。他听说齐国大夫陈恒杀了齐简公，明知鲁国公卿都不想也不敢出兵干涉，仍然沐浴斋戒，而后朝见鲁哀公请求讨伐陈恒，理由还是"以吾从大夫之后，不敢不告也"，就是说必须保持君子体统。

前面说过，孔子的教育活动，是同他的政治活动交织在一起的。他的政治理想，在于复兴周礼，使社会回到君子与小人各安其分的局面，"以礼让为国"。在他看来，这才叫"天下有道"。

前面已说过，孔子是唯心史观的信仰者。他认定观念支配历史，而关于礼、仁和命一类大睿大智，只有高贵的君子才可能具备。他说："君子不可小知而可大受也，小人不可大受而可小知也。"

因此，孔子办学校的宗旨，就在培养"弘道"的君子，也就是造就能够实现其政治理想的人材，便不奇怪了。

但是，孔子办的是一所私学，而不是传统的贵族子弟学校。这所私学开办的时候，孔子还没有"从大夫之后"，因而也不可能有采邑，虽然可以接受馈赠，但固定津贴大约是没有的。所以，不管孔子如何"罕言利"，如何强调"君子谋道不谋食"，然而对他本人来说，办学也如同登仕一样，事实上是一种"谋食"之道。"吾岂匏瓜也哉，焉能系而不食？"正因如此，孔子的学校，便不能只限于接受贵族子弟入学，而要向各种"自行束脩以上"的人开门。

实例以后再说。这里先要说明的，是由于非贵族出身的，即原先属于小人范畴的许多青年，投奔到孔子门下，显然怀抱着寻求"谋食"之道的希望，因此孔子在办学时，也不能不考虑到这类学生的未来出路问题。

他能给学生安排什么样的出路呢？他固然希望学生都成为君子，就是说不但在教养上，更在其实际的社会地位上，都成为大夫以上的贵族官僚。然而希望是希望，现实是现实，在当时的历史环境内，西周以来的旧宗法关系依然存在，旧的血统观念在决定统治阶级内部的等级秩序上依然有着强烈影响。孔子是深通世故的，当然懂得弟子们没有人人做大官的可能。由他屡次对学生宣传"天下有道则见，无道则隐"，表彰"邦有道则仕，邦无道则可卷而怀之"的蘧伯玉一类君子，便可窥见那消息。所以，除了登仕，孔子还教他的学生操自己的职业，即收徒讲学。这种可以做官、可以为师的人物，便是他所说的"君子儒"。

"儒以道得民"。春秋时，凡能诵说《诗》、《书》，以礼、乐、射、御、书、数六艺"教民"的人，便叫做"儒"。他们应当属于"士"的行列，地位介于贵族与平民之间，可上可下。但到春秋末期，随着礼坏乐崩的程度日烈，儒的地位也跟着跌落。因此，其中有些人，虽名为儒，实际上对奴隶主阶级的传统文化已不甚了然，只能守着一点具体术艺糊口。孔子年轻时便是这样的人，既弄不清古代官制的变化，也弄不清礼乐同《雅》、《颂》的关系底蕴，只好靠给人吹吹打打、写写算算过活。不过他还算懂得比较多，又好学，因此很快就以"能礼"闻名。另外那些既不多能又不好学的人，大约都普遍地守着一术混饭吃，所以后人才会给他们下这样的定义："儒，柔也，术士之称。"落到这种"但务卑近而已"的地步，就是所谓"小人儒"了。试看孔子年轻时，季氏宴请鲁国的"士"，孔子前去参加，竟被阳虎拒之于门外："季氏飨士，非敢飨子也！"便可知当时小人儒已不预士林。连同属小人之列的陪臣也瞧他们不起，更不要说贵族不器重他们了。

这就可以理解，为什么孔子在教学生选择次等出路的时候，要特别关照他们做"君子儒"，不要做"小人儒"。

但在孔子的学生中间，急于"谋食"而忽视"学道"的，却大有人在。例如樊迟请学稼学圃，子张问如何才能求得禄位。这在孔子看来，都是只重眼前利益的表现，有流入小人或小人儒一途的危险。所以，他反复教训弟子必须懂得"谋道"与"谋食"、"学"与"禄"的关系，以坚定做君子或君子儒的信念。一则说："三年学，不至于穀，不易得也。"再则说："君子谋道不谋食。耕也，馁在其中矣；学也，禄在其中矣。君子忧道不忧贫。"表面上说不该考虑吃饭问题，实际上是说只要学得了君子之道，地位财富自然而然便跟着来到。这也从另一侧面证明，孔子的确旨在把他的学校办成贵族官僚的养成所。

孔子的这个宗旨，后来由子夏作了更明白的概括，那就是"学而优则仕"。清朝学者刘宝楠解释说，这句话的本义为"学至大成乃仕"。所谓"大成"，是古代经过九年学习，在"大学"取得从政资格的说法。可见学习目的是为了做官，这个观念已深入孔门弟子之心。

战国时的孟轲、荀况，都以孔子事业的继承者自居，也都以办教育出名。他们对教育的见解虽多有不同，但在培养学生成为什么人的问题上，却一致发挥了孔子的宗旨。孟子就要学者区别"大人之事"和"小人之事"，说是"劳心者治人，劳力者治于人；治于人者食人，治人者食于人，天下之通义也"。荀子不但接受了"君子儒"和"小人儒"的说法,把儒者分成大小、雅俗等好几类,而且更露骨地拿地位高低来作区分标准:"大儒者,天子三公也;小儒者,诸侯大夫士也;众人者,工农商贾也。"

这都说明,孔子的教育活动,方向是明确的,就是适应剥削阶级统治劳动人民的需要;目的也是清楚的,就是造就"弘道"的君子,使弟子上者成为王佐,下者成为吏材,即使不能做官,也要成为培养治人者的君子儒。这是他办学校的指导思想。这种思想的形成,经历了很长的历史过程,集中着包括奴隶主阶级和封建阶级在内的全部剥削阶级关于教育宗旨的偏见。孔子所以被后世封建统治者尊为"万世师表",主要原因就在于此。

(选自《蔡尚思全集·第四册》,上海古籍出版社 2005 年版)

朱熹的书院教育与礼教思想

建议纪念任何历史人物的学术讨论会,都应该采取实事求是的态度,纠正传统的不正之风。不要使人感到像信教徒那样对待教主、像追悼会上那样对待死者,只许歌颂,专说好话;如有所批评,就大惊小怪起来。不知以为然否?

中国的书院制度,开始于唐代,发展于北宋的四大书院或六大书院,而以经过南宋朱熹重修、先后订立教规的白鹿、岳麓两个书院为最著名。但唐玄宗首先设立的丽正修书院,不久改名集贤殿书院,置学士,集学士讲学,与后来除官方外,兼有私人创办的书院,性质不完全相同。而朱熹却真正和中国的书院制度是分不开的。

由于官学失修,科举流弊,以及儒者要同佛教禅林争夺教育园地等原因,多把书院设在山林名胜之处。儒士讲学的书院制度便发展起来了。

书院都以儒家礼教为教学宗旨，有利于维持、巩固封建社会秩序，为王朝准备忠于自己的人才，所以能在科举时代兴盛起来。各地方都设有书院，直到清末改设学堂，书院才不复存在。但也不要否认，有些著名学者在书院讲学，确实培养出了不少有学术贡献的人才，直到清末犹如此。

朱熹一生无论做官与不做官，都在进行私人讲学。黄干称他"一日不讲学，则怅然以为忧"，确是实情。故本文首先简单回顾一下朱熹的书院教育内容，重点则在于探讨其书院教育的核心——礼教思想。

一、朱熹以礼教为宗旨的书院教育

1. 朱熹的教育目的

有人认为："朱熹之教育目的论，穷理尽性一语，可以了之也。"其实，朱熹的教育目的不是穷理尽性，而是所谓三纲五伦五常即儒家的礼教，以教育为实现礼教的手段。此点将在下面再指出。

2. 学校分为大小两期而非两事

朱熹认为，小学主要是学当然之事，大学主要是学其所以然之理。"大学者，大人之学也。古之为教者，有小子之学，有大人之学。"为什么要这样分期？因为就年龄的大小来分，从八岁到十五岁读小学，十五岁以后读大学；就内容的深浅来分，浅的是"当然之事"，深的是"其所以然之理"。如说："小学者学其事；大学者，学其小学所学之事之所以。""小学是学其事，大学是穷其理以尽其事。""小学是学事亲，学事长，且直理会那事；大学是就上面委曲详究那理，其所以事亲是如何，所以事长是如何。"清初陈瑚的教育方法，小学为入孝、出悌、谨行、慎言、亲爱、学文；大学为格致、诚意、正心、修身、齐家、治平。"小学先行后知，大学先知后行"，这话也可以为朱熹此说做注脚。但朱熹对此却有个声明："大学与小学不是截然为二"，"只是一个事"。所谓"一个事"，指的主要是伦常礼教，无论哪一种教育，都是绝对不能离开它的。他特别强调小学在思想上也是基本教育："古者小学教人以洒扫、应对、进退之节，爱亲、敬长、隆师、亲友之道，皆所以为修身、齐家、治国、平天下之本,而必使其讲而习之于幼稚之时,欲其习与知长,化与心成,而无扞格不胜之患。"他是何等地重视小学教育!

3. 学校用的教材课本

朱熹在《礼记》中,以《大学》为曾子的著作,以《中庸》为子思的著作,把它与《论语》、《孟子》配合为《四书》;并一生集中精力为它作注,名为《四书章句集注》。再以《四书》配合《五经》。从他以后,讲起经学,就一直并称为《四书五经》,成为儒家的经典著作。封建王朝以《四书五经》为科举取士的标准,文化人也在此讨生活,没有一个人不先读《四书五经》的。不仅如此,《四书》"声价遂高于《五经》"。

朱熹在学校所用教材课本包括经、史。要先读经,用《六经》为课本。先读《论语》,次看《孟子》、《中庸》,再看一经。朱熹认为《论语》一书,最为重要,再也无有似此书者。所以他生平也以关于《论语》的著述为最多。因为,朱熹的道统托始于孔子,《论语》是专门记载孔子言行的书。至于史,要先读《史记》,次看《左传》、《通鉴》,有余力再看全史。为什么必须先读经,如《四书》,后读史呢?因为这样,学子胸中先有"一个权衡",才不会"多为所惑"。这就是说,必须先有儒家的经书做思想指导,再去读史书和其他的书,才不致被异说所迷惑。古来的尊孔读经者都是特别注重经的。后世至有以"经"作书院之名者,如俞樾主持的诂经精舍,廖平主持的尊经书院,皮锡瑞主持的经训书院等。

4. 白鹿洞书院的"学规"、"教条"

朱熹的教育是由他的礼教思想决定的,教育只是礼教思想的一种传授与宣传罢了。朱熹说:"天生斯人,……而使之有君臣、父子、兄弟、夫妇、朋友之伦,所谓民彝也。……古先圣王为是之故,立学校以教其民,……必使天下之人,皆有以不失其性,不乱其伦而后已焉。""如舜之命契,不过欲使父子有亲,君臣有义,夫妇有别,长幼有序,朋友有信,只是此五者。至于后来圣贤千言万语,只是欲明此而已。"

他以五教为圣人教人的"定本",即教育的根本宗旨,起先把它作为"白鹿书院学规",以后又把它推广为岳麓书院的《书院教条》,认为"学者学此而已"。入学者只是学此最为根本的五教而已。以此为主,当然不会以此为限,所以此下还有"为学之序"、"修身之要"、"处事之要"、"接物之要"等。他认为"圣贤教人为学,非是使人缀缉言语,造作文辞"。这些都只是次要和不重要的了。

朱熹白鹿书院的教规,是书院办学宗旨的主要代表,所以后世书院一直奉为标准。其教规内容完全是以孟子宣传的是非为是非的。

在治学方法上,与朱熹对立的陆九渊主张五伦五常是本心固有的,"学苟知本,《六经》皆我注脚",被朱熹目为顿悟派。其实,朱熹也是以三纲五伦为大本为先天的。就此一点而论,二派目的并没有什么大的不同,所有程朱派陆王派都是尊孔重礼的。

二、朱熹把礼教发展到最高地位

中国(这是习惯用语,其实这里的"中国",主要多指汉族儒士,下同)的礼教不仅等于宗教,而且超过了宗教。就其发展来看,可以分为三个大阶段:头一个阶段,是从周公周礼形成孔、孟、荀等的礼教。韩非学于荀子,根据所闻而把它称为三顺。第二阶段,是西汉董仲舒出,又把它称为三纲。他本身注重神学,就把这个三纲神学化了。从此以后,礼教的中心一直叫做三纲;如同礼教其他重点并称,就是三纲五伦、三纲五常、纲常名教等等。第三个阶段,是南宋朱熹出,又在董仲舒的基础上,加以他本身注重理学,就把三纲理学化了。无论董仲舒的神学化三纲,或朱熹的理学化三纲,都托天命,神学化就是天神化,理学化就是天理化。到了朱熹,三纲已经发展到了无以复加的最高地位了。同时,无论董仲舒的神学化三纲,或朱熹的理学化三纲,都是来自孔子,即在孔子的礼教基础上发展起来的。

请让我试就朱熹的理学化的礼教,运用比较充分的资料,全面地论述如下:

蔡尚思

1. 道德、道理、天理同是伦常礼教

道德是什么？朱熹把它解释为伦常礼教："道者古今共由之理，如父之慈，子之孝，君仁，臣忠，是一个公共的道理。德便是得此道于身，则为君必仁，为臣必忠之类，皆是自有德于己，方解恁地。……大道以先，羲黄以降，都即是这一个道理。……以其古今公共是这一个，不着人身上说谓之道，德即是全得此道于己。"

朱熹所说的道理，也还是伦常礼教："道即理也，如父子有亲，君臣有义是也。""吾之所谓道者，君臣父子夫妇昆弟朋友当然之实理也。""君臣父子兄弟夫妇朋友，古今所共的道理。"

不仅道德与道理同是伦常礼教，而其所说当然之理与自然之理，也仍然是伦常礼教："臣子无说君父不是的道理，……此是自然有的道理。""五教……当然之理，……出于人心之本然，非有强而后能者。""父子、兄弟、君臣之间，各有一个当然之理。"

朱熹所说道德、道理、当然之理、自然之理，其实都是天理，即纲常礼教的理学化："有君臣便有事君的节文，有父子便有事父的节文，夫妇、长幼、朋友莫不皆然，其实皆天理也。"

朱熹以廖子晦来书所说为"一一皆契鄙怀"："盖天人无二理，本末无二致，尽人道即天道亦尽。……虽谓之圣人，亦曰人伦之致而已。……即日用而有天理，则于君臣、父子、夫妇、长幼之间，应对、酬酢、食息、视听之顷，无一而非理者。"

朱熹的理学，翻来覆去，几乎无一不是归结于纲常礼教。

2. 违反伦常礼教就会违反上天而使天地易位

朱熹为了配合加强封建王朝的统治，而把伦常礼教理学化："天教你父子有亲，你便用父子有亲；天教你君臣有义，你便用君臣有义；不然，便是违天矣。""天降生民，厥有常性，仁义礼智，父子君臣，爱及昆弟，夫妇朋友，是曰天叙，民所秉彝，失之毫分，穹壤易位。""盖自天降衷，万理皆具。"这不仅同董仲舒一样，认为一切都出于天，而且还说：只要丝毫不合伦常礼教，就会使天地颠倒过来，作出一种自欺欺人的空前宣传，更是连孔子、董仲舒也自愧不如了。

3. 伦常礼教是先天的、未有人类以前就有的

朱熹非常强调的是理高于一切而在一切之先。理在事之先，是离事而言理："此言未有这事，先有这理。如未有君臣，已先有君臣之理，未有父子，已先有父子之理。"

理在物之先，是离物而言理："若在理上看，则虽未有物，而已有物之理。"

理在事物之先，是离事物而言理："有是理，方有这物事，如草木有个种子，方生出草木。"此语不通，拟不于伦。朱熹不知草木与种子都同是一个事物。他把草木的种子说是理，把生长的草木说是事物，是硬分同一事物为二。

理不仅在事物之先，而且在天地之先："未有天地之先，毕竟是先有此理。"

理在天地万事万物之先，是离天地万事万物而言理。原来理学家所说的理是在万事万物以前就老早存在了。

4. 三纲五常是天经地义、万古不变的真理

朱熹鼓吹三纲五伦五常为缺一不可，也不能一日离，只要生做人就无所逃于天地之间。"盖君臣父子之大伦，天之经，地之义。""五伦皆人所不能无者。""盖民有是身，则必有是五者而不能以一日离，有是心则必有是五者之理，而不可以一日离也。""三纲五常亘古亘今不可易。""三纲五常阙一不可。""仁莫大于父子，义莫大于君臣，是谓三纲之要，五常之本，人伦天理之至，无所逃于天地之间。……逆理之祸，将使三纲沦，九法斁，……人心僻违，而天地闭塞。"

朱熹又列举所谓历史事实证明它的从来不会起变化：五伦"岂以古今治乱为存亡者哉"。"看秦将先王之法一切扫除了，然而所谓三纲五常，这个不

曾泯灭得。……天地之常经，…以后皆变这个不得。""三纲五常，虽衰乱大无道之世亦都在，且如继周者秦，是大无道之世，毕竟是始皇为君，李斯为臣，始皇为父，胡亥为子，三纲五常，地位占得大了，便是损益不多。""扶苏为兄，胡亥为弟，这个也泯灭不得。""所谓损益者，亦是要扶持三纲五常而已。如秦之继周，虽损益有所不当，然三纲五常终变不得，君臣依旧是君臣，父子依旧是父子，只是安顿得不好耳。"

按朱熹此说，第一，正好作为孔子论三代之礼直到周以后百世也不会变革的正确注释。无论孔子与朱熹等人，都是断定礼教永久不会变化的；第二，朱熹为迷信礼教、宣传礼教，竟混礼教与生物学为一谈。要知道，纲常礼教从属于政治学伦理学社会学一类，不是生物学，怎么可以说，只要人类有父子、兄弟的存在，就等于礼教会万古不变呢？生物的生子传代是不会变的，但人类社会对于礼教却是会变的。这不能不说是常识问题吧。

5. 动物也有伦常礼教

在朱熹这个理学家、礼教家那里，不仅人类，甚至连其他动物如犬、马、牛、羊、虎、狼、豺、獭、雎鸠、蜂、蚁等，也都被他们用来为封建帝王与封建社会服务，当作向人们宣传礼教的好资料了。不过，如果蜜蜂以一个雌蜂为蜂王，他就一点也不敢提及了。因为一提及雌性蜂王，就会令人联想到国家的女皇帝，这不符合于男性中心的社会观念与高压妇女的传统风俗，对他宣传三纲礼教是不大利甚至适得其反的。朱熹所以宣传其他动物也有伦常礼教，是要使人们感觉到人不可不如它们。如仿孔子"可以人而不如鸟乎"的话来说，便是"可以人而不如禽兽、昆虫乎"？

朱熹说："羔羊跪乳，便有父子；蝼蚁统属，便有君臣；或先或后，便有兄弟；犬马牛羊成群连队，便有朋友。"这一段话，欠通之处至少有二：一、以小羊跪在母羊的腹边吃乳为"孝"。殊不知小羊不跪下，就吃不到母羊的乳。这是小羊自己为了吃乳，而不是在"孝事"母羊。二、如果按照朱熹的逻辑，可以用人类的社会现象对其他动物进行推理，那么自然也可以更进一步地对一切生物进行推理了。难道一切生物如树木花草等,就没有"或先或后"的"兄弟"和"成群连队"的"朋友"么?这样说来,除了万物完全消灭之外,伦常礼教便是永久普遍存在的事了。

朱熹还举例道:"物亦有是理……如虎狼之父子,蜂蚁之君臣,豺獭之报本,雎鸠之有别,曰仁兽,曰义兽是也。"他这样称赞禽兽,目的仍在于鼓励人们遵守礼教。他又说:"如万物莫不有君臣之义……父子之亲……兄弟之爱……夫妇之别;自家这里也有,是这道理本来皆备于吾身。"

朱熹以讲其他动物均有礼教为手段,以要人们遵守礼教为目的,这不更清楚了么?如果说佛、道、孟子、陆、王等都认为万物皆备于我,那么朱熹就更明显地更具体地认为伦常礼教"皆备于吾身"了!人们如敢违背伦常礼教,岂不就等于违背其自身、违背其天性了么?

6. 理学与儒、道、佛三教究竟是什么关系

有这几点,值得注意:就礼教方面而言,理学家与儒、道、佛三教的关系有主次之分,它是以儒家为主,以佛、道的玄学(佛是大玄,道是小玄,都是玄学)为次。以儒家为主即以礼教为主。道家根本反对礼教。佛教与儒家更有相反之处:如儒贵家,佛出家;儒入世,佛出世或厌世;儒大讲父子、夫妇的伦理,佛教徒就根本没有父子、夫妇之可言。就道统方面而言,道统非始于理学家,但却是到了理学家才被更强调、更系统化了。这是由于理学家看见佛教有佛法与衣钵互相传授的制度,也就人人都大谈儒家道统,大争儒家道统了。朱熹就是以孟子的嫡传而集周敦颐、程颢、程颐、张载尤其是程颐理学之大成自居的。就语录方面而言,理学家更大受佛教禅宗的影响,却同时又想用儒家的语录去和禅宗的语录相对抗。这就是理学家多有语录,语录在宋代盛极一时的主要原因。就书院方面而言,朱熹到处大办书院,也是要同佛教禅宗争夺教育园地的。

有人对理学家与儒、佛二家的关系作了比较而说:"佛学之影响于宋学,其时最久,而其力亦最伟。吾人如谓无佛学即无宋学,决非虚诞之论。宋学

之所号召者曰儒学，而其所以号召者实为佛学；要言之，宋学者儒表佛里之学而已。二者殊不相同。至理学之所以异于儒家者，则完全受佛学之激刺与影响。盖佛学玄妙之说，本非儒家所企及；后儒欲以儒抗佛，不能不于本体论或形而上学有所说明；而欲有所说明，则又不能不借助于佛学。"我以为宋代理学的本体论或形而上学，的确是来自佛学，而异于古代的儒家，但这不是理学家的主要部分，理学家的主要部分仍然在形而下学的三纲五伦。影响最久最大的是儒学而不是佛学，因此，古来的人都称他们为宋儒而不称他们为佛教徒。宋儒只是一部分受佛学的影响而决不是完全受佛学的影响，是以儒家为主要基础而决不是"二者殊不相同"。

（选自《蔡尚思全集·第七册》，上海古籍出版社 2005 年版）

王船山学术思想资料分类选评·教育思想

（一）强调教育决定人性

夫人之所以异于禽兽者，以其知觉之有渐，寂然不动，待感而通也。……禽兽有天明而无己明，……人则有天道（命）而抑有人道（性）。……耳有聪，目有明，心思有睿知，入天下之声色而研其理者，人之道也。聪必历于声而始辨，明必择于色而始晰，心出思而得之，不思则不得也。……天下之生知，无若禽兽。……今乃曰"生而知之，不待学而能"，是羔雏贤于野人，而野人贤于君子矣。……故天下一事有一事之知，而知者各有生与学之别，即各分上与次之等。上者易而次者固难，乃及其知之则一，而所由以得知者亦无大异也。上者，以知而不尽知，因于所知而学焉；次者，未学之先，一未尝知，循名以学，率教以习，而后渐得其条理。师襄之于琴也，上也；夫子之于琴也，次也。推此而或道或艺，各有先后难易之殊，非必圣人之为上，而贤人之为次矣。朱子以尧、舜、孔子为生知，禹、稷、颜子为学知。千载而下，吾无以知此六圣贤者之所自知者何如。而夫子之自言曰："发愤忘食。"《诗》称后稷之"克岐克嶷"，颜子之"有不善未尝不知"，初不待师友之告戒，亦安见夫子之不学，而稷与颜子之非生也？夫子略于生、学分上、次，而后人苦于上、次分生、学。乃不知上、次云者，亦就夫知之难易迟速而言；困而不学，终于不知，斯为下尔。且夫所云生者，犹言性之谓也。未死以前，均谓之生，人日受命于天（命讫则死），则日受性于命，日受性命，则日生其生，安在初之为生，而壮且老之非生邪？迨其壮且老焉，聪明发而志气通，虽未尝不从事于学，乃不拘拘然效之于此，而即觉之于此，是不可不谓之生知也。荀卿五十始学，朱云四十始受《易》与《论语》。乃以其所知者，与世之黠慧小儿较，果谁为上而谁为次也？其将以王雩之答獐鹿者为圣，而卫武公之睿圣，反出于其下邪？必将推高尧、舜、孔子，以为无思无为而天明自现，童年灵异而不待壮学，斯亦释氏夸诞之淫词。学者不察，其不乱人于禽兽也鲜矣。（《读四书大全说》卷七）

习与性成者，习成而性与成也。（《俟解》）

在中国思想史，中国哲学史上，人性论是一个长期讨论而又意见分歧的问题。自孔子提出"性相近、习相远"的观点以后，就有性善、性恶、性无分于善不善、性善恶混、性有上中下三品、性有义理与气质两种等说。王船山不赞成古来各种人性论，而揭示自己的人性论：第一，人有高于其他动物的天性："天地之性，人为贵"（《思问录》内篇）；"人者动物，得天之最秀者也。其体愈灵，其用愈广"（《正蒙注》卷三）。第二，人性虽为天的阴阳二气之秀者所赋予，但也不能起决定作用，人们只有继续努力，才会使"性"日趋于善，所以他说："甚哉，继之为功于天人乎！天以此显其成能，人以此绍其生理者也。……而成乎人之性,惟其继而已矣"(同上);"至于继而作圣之功蔑以加矣"(《周易外传》卷五)。人们如果不继,则将与"禽兽"缩短距离,"禽兽终其身以用其初命,人则有日新之命矣"(《诗广传》卷四)。王氏认为,"君子"与"野人"的区别,也主要在这一点,他说:"今乃曰生而知之者,不待学而能,是羔雏贤于野人,而野人贤于君子矣。"他反对某些人提出的性决定于初生之顷的观点,指出:"悬一性于初生之顷,为一成不易之例,揣之曰:'无善无不善'也,'有善有不善'也,'可以为善可以为不善也'。呜呼!岂不妄与?"(《尚书引义》卷三)他强调性的善不善是到后天才决定,而不是先天已决定的。可见王船山的人性论,主要是根据并发挥孔子的"性相近也,习相远也"的学说而提出的。他认为人的先天性(即最初接受阴阳二气之秀者而成的性)固异于其他动物,但人与人比较,则是相近的,人的后天性却因人们受到不同生活环境的影响而有君子与野人之分,是相远的。他说:"利者习之所熏也。以是验舜性,而跖非性矣。乃有所利而为恶者,习之责也。……故君子终不责性而责习。"(《续春秋左氏传博汉》卷下)这是说,有的"染于习",遂使性迁而出现恶,这只能归咎于习,而不可对性加以指责。孟子认为"性善",所以主张良知良能。王船山则认为人虽有先天的善性,但更重要的在于"继",使后天的性日趋于善,而没有什么"不学而能,不虑而知"。这说明孟、王二人是同中有异的。王与《易传》的观点,是比较接近的。有人称赞王船山这一点"在中国哲学史,毕竟是一个杰出的贡献",未免过誉了!

王船山是彻底主张"学知"、反对"生知"的么?实际上,他只是主张"学知"而兼主张"生知"的。《王船山认识论范畴研究》一书的作者,对这个问题的分析是比较全面的:"在认识论领域被分为唯物主义与唯心主义两大阵营。唯物主义者坚持反映论,……与此相反,一切唯心主义者都坚持先验论。……以王船山来说,他一方面……坚持'非学不知''无天资可恃',……但另一方面,他对'生而知之','上智与下愚不移'等传统观念,……

终究未能冲破旧的网罗，跳出旧的窠臼。这样，不仅使他批判'生知'说不能彻底，而且给某些概念造成了混乱。因此，我们在评价他反对'生知'说的成就时，既要看到他创新的一面，又要看到他为旧传统束缚的另一面，既不能因为他痛斥'天下之生知无若禽兽'而无视其唯心主义的杂质，也不能因为他有时同意'生而知之'的唯心主义观点，而忽视他对'生知'说的唯物主义改造。只有这样，才能忠实于历史事实，对他作出比较全面的评价。"

（二）强调维系君臣父子的伦理关系，并主张对人们进行以忠孝为内核的道德教育

> 君父之大，顺逆之分，如黑白之昭著于前。（《读通鉴论》卷十三）

> 君臣父子，人之大伦也。世衰道丧之日，有无君臣而犹有父子者，未有无父子而得有君臣者也。自朱温以至柴氏，七姓十五人，据中士而称帝，天下后世因而帝之。乃当时之臣民，固不倾心奉之以为君，劫于其威而姑号之曰天子，君臣之伦至此而灭裂尽矣。尤可悯者，并其父子而乱之，漫取一人而子之，遂谓之子；漫推一鬼而祖考之，遂谓之祖考；于是神怒于上，人迷于下，父子之恩，以名相假，以利相蒙，其与禽兽之聚散也奚别？（同上书，卷二十八）

> 立教之道，忠孝至矣，虽有无道之主，未有不以之教其臣子者，而从违异趣，夫亦反其本而已矣。以言教者，进人子而戒之曰："尔勿不孝"；进人臣而教之曰："尔勿不忠。"舌敝颖秃，而听之者藐藐，悖逆犹相寻也。弗足怪也，教不可以言言者也。奖忠孝而进之，抑不忠不孝而绝之，不纳叛人，不恤逆子，不怀其惠，不歆其利，伸大义以昭示天下之臣子，如是者殆其好也，非其令也，宜可以正于家、施于国、推于天下而消其悖逆矣。（同上书，卷十九）

> 父子君臣者，自有人道以来与禽兽之大别者此也。（《周易内传·发例》）

正德者，君臣父子也。（《周易外传》卷五）

……

（节选自《蔡尚思全集·第五册》，上海古籍出版社2005年版）

梁漱溟思想的评介·教育思想

梁先生的教育思想，也是传统的：

（1）发挥固有文化的高等教育——他于民国十年提议筹备设立曲阜大学，其旨趣是想取东方的——尤其是中国的——艺术暨文化之各方面作一番研讨昭宣的功夫（《教育》九六页）。而于十三年草的重华书院（在山东曹州）简章，也以"冀于固有文化有所发挥"为旨趣，以"偏着中国哲学暨印度哲学方面"为哲学门的"研究项目"（《卅后》八七页）。他后来又长期主持山东乡村建设研究院。因为他一生最崇拜孔子，也就最看重孔子故乡的山东，以孔子的信徒而到孔子故乡去做阐明孔子一切的文化的工作，为的是企图由中国的孔化而到全世界的孔化。这真像一场好梦！

（2）渐进主义的教育与建设——他说："以理性替代武力，其实就是以教育替代武力，这种教育怕以中国古代的礼乐为最好。"（《理论》四五三页及《哲学》一四〇、一六七、一九四各页）"现在唯有建设工夫，教育工夫，更是一个自上而下的，更是能慢不能快的。"（《理论》附录七页）"只有从一点一滴的教育着手，才可以一点一滴的建设。"（《教育》一九三页）除了注重中国古代礼乐一点以外，这种用教育来一点一滴地求进步，全和胡适先生的见解相同。教育是真的如此万能的吗？

（3）统制思想与养成柔性——约略来说：梁先生第一，反对学生自治与治校，如说："先生管学生本有相当理由，如晓庄师生共同立法共同守法未必全对。"（《教育》一一一页或《卅后》）不知远在清末的爱国学社和中国公学也曾实行学生治校，且都很有成绩表现。第二，反对学生闹风潮，就使合乎理性也不免偏激，如说："中国人对在上的威权每无好感而厌恶、唾弃、反抗，其来源是因为中国人早受理性的启发。……这……在历史上的中国……读书人都是如此。……这心理原是好的，但不免偏激。学生闹风潮，有时由此心理而来。"（《朝话》一〇九页）第三，对于学生思想的甄别，如《山东乡村建设研究院学则》规定："学生在修业期间，本院得随时就其资性体质思想行为，加以甄别而去留之。"（《觉悟》二五四页）竟要甄别学生的思想，这是多么不民主的一件事呀！他平时开口闭口反对任何党治，不知他自己正是以办学为名而以办党为实的呀！学生思想旧的就"留"住，思想新的就"去"掉，这恍惚是董仲舒的宗旨和法西斯的作风。第四，把学生养成柔性和气即绝对服从的习惯以便统治，如在《村学乡学须知》说："这村学乡学意在组织乡村，却不想以硬性的法令规定其组织间的分际关系，而想养成一种新礼俗，形著其组织关系于柔性的习惯之上。""团体之内，和气为贵。""凡学长对村中众人或那一个人有训饬教戒的话，众人或那一人皆应接受。"（《教育》一六五至一七二页或《理论》）梁先生纯粹站在封建社会、地主阶级的立场，大做巩固旧社会、本阶级的工作，而使被压迫被剥削的下层大众大受其麻醉，自愿永久做柔弱的和顺的奴隶，而不致有要求利益、反对现实的任何感觉与革命，这是他办教育的用意和任务。换句话说：便是爱护富者贵者，摧残贫者贱者；利益上阶层损害下阶层的。还有千家驹先生的《中国的歧路》一文（见《中国乡村建设批判》一书）对于梁先生的乡村学校评述得很好，也希望读者能够参看。

（4）心理学上的男女无法平等——梁先生和美籍德人卫中亦称卫西琴很要好，卫氏的新心理学以为：男子的心是世界上最独立的，最完全自由活动的一种力量，男子的心远离身体，亦即从身体解放出来多多；女子的心比男子的心浅，亦即靠近身体，"女子的身体构造是在预备生育小孩的，她一生的力量常常消费在此，她的精神也就难得超脱。……所以女子的生活比较男子常常处于被动中。我们平常都说女子之心窄、心小，不用生气的事，她也容易生气；不用着急的事，她也容易着急；她比男子容易哭……笑。……女子的活动小。……平常说女子是阴，男子是阳，这话并未有错"。梁先生觉得"卫先生对男女的分别看得最清"（《卅后》一二二至一三一页）。我们相信男女的心理与活动多随文化社会而转移，而与生理没有多大关系，例如"人类学家米听（Margaret Mead）研究新几内亚三个相距不远的社会，发现因文化不同，其中男女性格彼此差异很大。在 Arapesh 中，男女同样消极而温驯，在 Mundugumor 中，男女同样活跃而富于进取心，在 Tohambuli 中，男子富于艺术性，温顺安静；而女子则很实际、占强、并有侵略性"（详《世纪评论》三卷三期刘绪贻《民族性与文化》），便是明证。梁先生是封建派的思想家，是儒家的信徒，所以对于卫中的贵男贱女的旧心理学，觉得很合胃口。

（5）连心学家礼教家也管不了自己——梁先生是个心学家礼教家，自认"于初转入儒家，给我启发最大，使我得门而入的是明儒王心斋先生"。"中国儒家……是我思想所从来之根柢"（详《朝话》一三五至一三七页）。但他却也和平常人一样地管不了自己："照我所了解的，人能够管得住他自己的很少，假如好生气，管住不生气好难！在男女的关系上，见面不动心好难；他不知怎的念头就起了。""例如在男女的关系上，发生甚么不规则的行为，不对的事情，我回头看我自己，……这样的念头我都动过；不过没有成了事实，仅是幸免而已。"（《朝话》五至六页）这如照王阳明"知行合一"的说法：见美色属"知"，好美色属"行"。"见"是"知"，"好"是"行"，"见"时已是"好"时，"知"时已是"行"时，看见美女已是喜欢美女了，喜欢美女已是奸淫美女了。（另详拙作《陆王派思想的批判》，并请参看梁漱溟《评谢著阳明学派》。）那么梁先生既然看见女人也会动过不规则的念头，岂不就等于和女人发生过不规则的行为了么？以最重礼教，深信心学甚至学佛，曾拟不娶妻的梁先生尚且看见女人就会动念，他人更不足怪了！不但梁先生，连那力倡这种知行合一说的王阳明也恐怕不能例外；又不但王阳明，连那大倡礼教的孔子、颜回也恐怕不能例外。在梁先生与王阳明、颜回、孔子这些心学家、礼教家中，恐怕至多只能做到"非礼勿视，非礼勿听，非礼勿言"；至于所谓"非礼勿动"，也只能做到外的而不能做到内的，只能做到"非礼勿动手动足"而不能做到"非礼勿动心动念"。必像普通人不提倡心学礼教，只有其心而未见之实行，才可以说"仅是幸免"；若在梁先生和王阳明、颜回、孔子那般心学家、礼教家，既提倡"知行合一"、"四勿"，而自己又做不到，那便是"不能幸免"了！这真是心学破产！礼教破产！但在梁先生却仍信古而自暴自弃地在那里做梦："常思如何会遇哲人救我一下。孔子是千载不遇的；就是遇到阳明先生及其弟子来教导我一下也好。我如果遇到，就把全生命交给他，要我如何便如何。但这样的人在现在人类社会中仿佛没有。"（《朝话》六五页）我倒觉得现在人类贤于孔子、王阳明的多着呢！就连梁先生似乎也已经超过他们。只因梁先生抱的是传统的退化史观，所以认为一定是古人贤于今人的。

（6）哲学的教育是多数人的权利——梁先生认为大学里开一个哲学系，"实在是误人子弟"。因为"宇宙人生本是巧妙之极，而一般人却是蠢笨之极，各在极端，当然两不相遇"。所以"哲学不是尽人可学的学问"，"可以说是少数人所能享的一种权利"（详《卅后》一九二至一九五页），这也未免太带封建和神秘的色彩：因为古代教育权既多是少数士大夫享受的；而一般玄学家的说理又多等于讲鬼，不得不自欺欺人地以为妙不可言，创立"道统"说，以便由他们极少数的道阀来包办。中国的一部分旧哲学家往往闭门静坐冥想，其知识多从内出，所以叫做"内学"、"心学"、"玄学"（以上另详拙著《程朱派思想的批判》及《道统的派别和批判》）。至于近代西洋科学化的新哲学，便反而是从外入的了。"误人子弟"的是玄学化的哲学而不是科学化的哲学，梁先生知古而不知今，这是第一点。须知：普通研究是一事，自成一家又是一事，大学中再被梁先生认为容易的学系也不能使个个学生成为专家大师的，何独于哲学系为然？如定要以为既不能使个个学生都成为专家大师就不必开那一个学系，那就不论大学中的任何学系都应该在取消之列了。梁先生只知其一而不知其他，这是第二点。梁先生既认哲学如此之难，反对大学开哲学系；为什么自己偏偏最喜欢到处作哲学性的公开演讲？既认"一般人却是蠢笨之极"；那么这种哲学性的公开演讲，岂不等于"对牛弹琴"？这是第三点。

（7）先有成见的研究方法——梁先生自认"是先自己有一套思想再来看孔家诸经的，看了孔经，先有自己意见再来看宋明人书的；始终拿自己思想作主"（《哲学》二一四页）。这是主张研究文化应该先有成见，使问题来就自己的；而不是虚心，使自己去就问题的。我常觉得他讲王学、佛学最好，其次为道家，其他就不免有点"张冠李戴"了！他的讲"纯哲学"，不论他人与自己的，要多可以当作"王学"来看。

（选自《蔡尚思全集·第四册》，上海古籍出版社 2005 年版）

陶行知、杨贤江反礼教的教育思想

陶行知

陶行知（一八九一——一九四六），安徽歙县人。原名文濬，后改知行，终改行知。一九一四年留学美国，以杜威、孟禄为师。一九一七年回国，任南京高等师范学校教员。一九一九年由代理而正式任教务主任。一九二二年被聘为中华教育改进社主任干事。南京高师归并东南大学后任教授、教育科主任、教育系主任。次年与晏阳初等组织中华平民教育促进会。一九二五年与朱其慧等筹备中华女子教育促进会。一九二七年创办晓庄师范。一九三二年在上海创办山海工学团。一九三五年发起上海各界救国联合会，开展抗日救亡活动。次年国难教育社成立，被推为理事长。受全国各界救国会委托，前往欧美亚非各国宣传抗日救国，发动侨胞共赴国难。一九三七年被江苏省高等法院以危害民国罪名通缉，遂赴欧美访问考察。次年返国，被推为生活教育总社理事长。一九三九年创办育才学校。一九四五年被选为中国民主同盟常委兼教育委员会主任委员。一九四六年，提出生活教育的四大方针，即民主的、大众的、科学的、创造的。同年七月病逝于上海。著作单行本很多，现被编为《陶行知全集》。

陶行知一生，曾经提出很多著名的口号，如"生活即教育"、"社会即学校"、"教学做合一"、"在劳力上劳心"、"行动是思想的母亲"等。其教育思想最突出的，是反对吃人的礼教与压迫人欲的天理，是对长时期来儒家封建礼教教育的背叛，具有历史的进步意义。具体表现在：

（一）打倒吃人的礼教

陶行知一九二九年在《生活即教育》的演讲中，关于吃人的礼教有分析地说："现在有许多人唱'礼教吃人'的论调，的确，礼教吃的人，骨可以堆成一个泰山，血可以合成一个鄱阳湖。我们晓得，礼是什么？以前有人说，礼是养生的，那是与生活即教育相通的。……假若是害生之礼，那就是要把人加上脚镣手铐，那是与我们有冲突的，我们非打倒不可。因为生活即教育，是要解放人类的。"

（二）反对以天理来压迫人欲

陶行知指出："中国遗留下来的旧文化与我们的生活即教育是有冲突。中国从前的旧文化，是上了脚镣手铐的。分析起来，就是天理与人欲，以天理压迫人欲，做的事无论怎样，总以天理为第一。他是以天理为一件事，人欲为一件事。人欲是不对的，是没有地位的。在'生活即教育'的原则之下，人欲是有地位的，我们不主张以天理来压迫人欲的。这里，我们还得与戴东原先生的哲学打通一打通：他说，理不是欲外之理，不是高高的挂在天空的；欲并不是很坏的东西，而是要有条有理的。我们这里主张生活即教育，就是要用教育的力量，来达民之情，顺民之意，把天理与人欲打成一片，并且要和戴东原先生的哲学联合起来。"天理在人欲之中，所以男女与饮食都出于天性，既提倡绝人欲，为什么程朱等都要结婚呢？

（三）把儿童解放出来

陶行知认为："中国从前有一个很不好的观念，就是看不起小孩子。……

换句话说，就是小孩子没有地位。我们主张生活即教育，要是儿童的生活才是儿童的教育，要从成人的残酷里把儿童解放出来。"他说："生来要自由，生来要自由。谁是真革命，首推小朋友。"

（四）恋爱、教育也是生活教育之一

陶行知于一九二九年说："人生需要什么，我们就教什么。人生需要面包，我们就得受面包教育；人生需要恋爱，我们就得过恋爱教育。准此类推，照加上去。"

（五）特殊势力造成"伪知识阶级"

陶行知认为，先秦诸子如老子、孔子、孟子、庄子、墨子、杨子、荀子等，都能凭着自己的经验发表文字，故有独到的议论。但孟子、韩愈只许孔家一家存在。程、朱、陆、王四个人，大部分还是根据孔家的。到了朱注《四书》盛行，"中国的知识真正濒于破产了"。"凡不是从经验里发生出来的文字都是伪文字知识。伪的文字知识比没有准备金的钞票还要害人，还要不值钱。""伪知识阶级是特殊势力造成的。这特殊势力在中国便是皇帝。"

（六）反对只顾孔颜曾孟的教育

陶行知反对只为孔子及四配的嫡系子孙打算的教育，而"没有看见那村前巷尾冻得要死、饿得要命的衍圣公的穷本家和穷本家的苦孩子"。

（七）中国普及教育多半是女子教育问题

陶行知指出：婆婆对媳妇，丈夫对老婆，母亲对女儿都不赞成她们上学，都是怕她们识字就"不易管"，"中国的女子教育便被这些人牺牲了"。"中国的普及教育问题大半是女子教育问题"，"女子教育是普及教育运动中最大的难关"。

陶行知提出要反对"三寸金莲"与"三寸金头"。所谓"三寸金莲"，是反对女子包小足。所谓"三寸金头"，是反对"把中国的小孩、青年、大众的头脑壳，紧紧的裹，裹得呆头呆脑，裹得一个三寸金头，好做文化奴隶。这裹头布便是加在大众头上的一切文化的压迫"。中国解放，"三寸金莲"不会再有了；而"三寸金头"却还会长期存在下去。陶行知把旧头脑比做包"小足"，真好！

陶行知还提出要打倒高跟鞋与手套："从前女子绕小脚，用布包包。现在学外国新法绕小脚。……穿了这双皮鞋，脚不易走动了，弄得不好，就要跌交。这样的女国民，能与日本去奋斗么？多一个人穿高跟皮鞋就是少一个人去奋斗，非打倒高跟皮鞋不可。要解手，非打倒手套不可。"高跟皮鞋比之小足穿的弓鞋，有点像以五十步而笑百步。高跟鞋和弓鞋都是男子对女子的片面审美观。为什么男子不穿高跟鞋与包小足，也让女子审美一下呢？现在中国妇女以穿高跟鞋为时髦，可以说是以中国小足换了洋小足，以全小足换了半小足准小足。妇女如果真要彻底解放，就以不穿高跟鞋为好。

杨贤江

杨贤江（一八九五——一九三一），浙江余姚下垫桥（今属慈溪）人。字英甫，化名李浩吾。浙江省立第一师范学校毕业。一九一九年参加少年中国学会，一九二〇年被选为该会评议员。一九二一年加入社会主义青年团。一九二三年转为中国共产党党员。一九二三——一九二六年致力于文教工作，除主编《学生杂志》外，还兼任其他刊物的编辑。一九二四年任改组后的国民党上海市党部青年部长。一九二七年担任武汉国民革命军总政治部《革命军日报》总编辑。大革命失败后，被迫去日本，翻译恩格斯著作《家族私有制和国家的起源》，并写成《教育史 ABC》。一九二九年因日本警方的监视迫害，返回上海，撰成中国最早的一部马克思主义教育理论著作《新教育大纲》。由于被迫害，再次东渡日本，一九三一年八月病逝长崎。

杨贤江和陶行知，都是中国近现代专攻教育方面的专家。陶比杨在办学实践上更有名，杨比陶在教育理论上更正确。在近代中国，杨贤江确是一位少见的教育家。

（一）教育必须反对尊孔复古

一九二六年，杨贤江出版了一本演讲录《教育问题》，首先分析了当时的教育形势，旗帜鲜明地提出反对复古主义。他把民国时期的复古运动分为三个时期。第一个时期发生于民国成立之初。孔教会是当时的复古运动的中心。袁世凯为了登上皇帝的宝座，就利用孔教会，大肆宣扬"尊孔会"，提倡"忠孝节义"，要求学校增设"读经科"。直到民国七年（一九一八），安福系国会正式宣布"孔教"为"修身大本"。第二个时期发生于民国七、八年间（一九一八——一九一九），"中国发生了新文化运动，是跟了提倡这种新文化的《新青年》出版发生的"。旧派有林琴南、徐世昌等。第三个时期发生于民国十三年（一九二四），北方武人王芝祥等人，要北洋政府命令各省学校读江希张的《四书白话解说》。杨贤江的结论是："有了新运动，旧的就跟了反动。"复古运动虽不断地沉渣泛起，阻碍着新思潮的发展，但他断定，旧的"终究要被新的战胜"。杨贤江演讲的内容限于一九二六年以前。到了三十年代，更有尊孔读经运动；四十年代前期在内地，后期在上海，都曾发生尊孔崇儒运动。

（二）反对旧礼教、基督教不把女子看作人

杨贤江把教育发展史与社会发展史结合起来研究，指出其演变的历史特点。原始社会，男女都有受教育的机会。野蛮时期，女权处于优越的地位，但男子在教育上并没有受到不平等的待遇。"可是等到牧畜与农业逐渐发达，男子的努力高过了女子时，终于连妻所有的家屋也并为己有，更为获得可遗传财产的'自己的儿子'起见，开始要求妻子绝对的贞操。于是父系制度代母系制度而起。在父权之下的女子地位，与家畜、农地、家屋同为男子财产之一部分。这个就是私有财产制之文明时代，在男子奴隶存在以前，女子先已陷入奴隶状态了。"杨贤江接着指出，随着社会的发展，"在教育历史上也发生了大变化。那就是女子不惟从此不得与男子'同学'，须受差别的教育，简直要趋于'绝学'，而与教育绝缘"。杨贤江还认为，中国的旧礼教不把女子当人看待。按中国旧礼教，"在家从父，出家从夫，夫死从子，是中国女子的社会地位；女子无才便是德，是中国的女子教育方针"。从基督教方面看，"上帝造了亚当这个男子，而女子夏娃是由亚当的一根肋骨造成的。……在纪元六世纪……竟还提出'女子是不是人'这样的一个问题!"由此看来,西洋社会同中国社会相比,男女是不是真的平等了呢?他的结论是:"资产阶级虽得到了结婚的自由,而妇女之隶属于男子的特权之下,并无什么变异。"

(三)妇女的经济地位比政治、教育问题更重要

女子教育问题,不是孤立的社会现象。它是和整个社会问题,特别是妇女的经济地位密切相关的。杨贤江从经济角度指出了男女平等问题的实质及其解决的办法:"女子在经济上未能独立以前,是无法得以脱离男子支配的。不独女子,即一般劳苦群众在少数人握有经济支配权的时候,也是不能脱离隶属的地位的。妇女问题与劳动问题相关之处在此。"因此,他认为:"要解决女子教育问题,便不可不以解决妇女经济问题为前提。实在说一句,妇女参政和女子教育,还是次要问题。"

(选自《蔡尚思全集·第五册》,上海古籍出版社 2005 年版)

涂怀京编撰

邓　拓

【题解】

邓拓（1912—1966），原名邓子健，福建闽侯人，无产阶级革命家，中国现代杂文家、政论家、历史学家、新闻工作者。邓拓的家庭是书香门第，为他提供了良好的成长环境。他的一生历经多个重要阶段，充满了对教育和新闻事业的热情与执着。邓拓在青年时代受到进步书刊的影响，积极投身于社会活动中。抗日战争全面爆发后，他进入晋察冀抗日民主根据地，担任过晋察冀中央局宣传部副部长、中央党报委员会书记、《晋察冀日报》社长以及新华通讯社晋察冀总分社社长等职务，在新闻和教育领域的影响力逐渐扩大。中华人民共和国成立后，邓拓历任《人民日报》总编辑、社长，中共北京市委文教书记。1961年3月，他开始为《北京晚报》撰写《燕山夜话》专栏杂文。1962年9月，他与吴晗、廖沫沙合作，在《前线》杂志上开设专栏《三家村札记》。邓拓不仅在新闻领域有着卓越的贡献，还在教育领域有着深入的思考。他强调教育的重要性，提倡教育创新，注重培养学生的综合素质。

《珍爱幼小的心灵》一文中，邓拓认为孩子们的心灵天真烂漫，纯洁可爱，强调社会环境对儿童成长的重要影响。文章通过引用历史上古人教子的生动事例，提出当代应该更加珍爱儿童的幼小心灵，要根据儿童生理发育和智力发达的时期进行适时、正确的引导和教育。就如文中提到"简单地把六岁以前划为幼稚期，把六岁到十四岁都划为童年期，显然是不妥当的"，而应该更细致、科学一些,"对于乳儿、幼儿、童年、少年的不同阶段的生理发育状况,多加研究,进行不同的保养和教育工作,让我们的后代更好地成长起来"。文章呼吁父母和老师们更加关注儿童的生活环境,为他们创造一个良好的成长空间,助力他们的健康成长和全面发展。

《不求甚解》中提到人们对"不求甚解"这个说法常有误解,认为它代表着对知识的轻率态度。而邓拓在本文中,提醒陶渊明所写的"好读书,不求甚解;每有会意,便欣然忘食"是一个整体,不能只抓住他说的前一句话,而丢了他说的后一句话,认为陶氏此语道出了"读书的要诀,全在于会意"。文章阐述了不求甚解并非浅尝辄止,而是倡导一种虚心、灵活的学习方法,真正的读书,不在于咬文嚼字,而在于理解其精神实质,把握其大意。就如宋代理学家陆象山的语录中说:"读书且平平读,未晓处且放过,不必太滞。"文中通过介绍诸葛亮、列宁等人的读书经验,强调了活读经典、注重理解的重要性,主张重要的书籍需要反复阅读,每一次阅读都能带来新的领悟和收获,读者要以开放、平和的心态去不断探求知识的真谛。

邓拓撰《多学少评》,旨在倡导一种正确的求知态度,即"多学少评"。文章强调了虚心学习的重要性,对不了解的事物应首先保持虚心态度,避免冒昧评价,以免发生错误或造成损失。通过引用古人修书、治学、论事的经验教训,说明了实际动手做学问的不易,以及随意批评他人作品的轻率性,提出"对一切事物,要多学习,少批评,保持虚心的态度"。最后提醒人们,在遇到不懂的事情时要坦诚承认自己的无知,在发现自己的疏误时要勇于公开认错。

《学习需要指导》探讨了"无师自通"现象在学术领域的普遍性,同时指出学习并非完全不需要指导。文章通过深入剖析学习过程中的"师承"因素,强调了前人经验、文献书籍的重要性,并警示了仅凭个人摸索的困难。文章批评了阅读文献书籍时的自满心态,强调了阅读基础和专业指导的必要性,邓拓在最后还提出了许多建议。

《学问不可穿凿》探讨了应届毕业同学在文科学习后能否独立进行学术研究的议题,邓拓给了肯定的意见,并提出了树立正确治学态度的重要性。文章指出,要拥有正确的治学态度,并防止各种不正确的治学方法,尤其是穿凿附会的毛病。通过王安石等历史人物的例子,分析了穿凿附会对做学问的危害,并强调实事求是这一治学态度的重要性,直言"做学问的人,要树立正确的治学态度,毫无疑问,除了实事求是以外,再也不能设想还会有别的什么态度了",只有用实事求是的态度进行独立的科学研究和其他各项工作,才有成功的希望。

《讲一点教授法》讲述、剖析了高等学府中某些教师在教授法上的欠缺,导致学生们难以跟上课程节奏、学习成效大打折扣的问题,并用毛泽东同志在红四军第九次代表大会决议中提出的十条教授法,以及古代教育经典《礼记》中的《学记》篇,来阐论教授法的重要性。邓拓列举了历代封建统治时期的学校制度以及知名学者的教授法,提出"教师自己更要经常努力学习,对自己讲授的学科内容,如果学得烂熟,教起来自然就能生巧了",强调了教师在各科教学中应严格要求学生,并不断提升自身的教学水平,以确保学生能够真正掌握知识,享受学习的乐趣。

珍爱幼小的心灵

孩子们的心灵是多么纯洁可爱啊!当你走到一群天真烂熳的儿童中间去,听他们唱一曲儿歌,看他们做一节游戏,你马上会觉得心旷神怡,忽然又年轻了似的。不管古人有什么"性善"和"性恶"的争论,我们看到今天生活在社会主义制度下的儿童,对于春秋战国时代的荀子认为"人性皆恶"的意见是不能赞同的;对于孟子说的"人生皆有善性"的意见却应该表示基本上赞同。

但是，正因为儿童们的心灵是最纯真的，我们就特别应该加倍珍爱，好好地注意培养，使他们能够得到健康的发展。晋代的傅玄说过："近朱者赤，近墨者黑。"这已经是人人熟悉的成语了。用现在的语言解释这句话的意思，无非是表明社会环境对于儿童的心灵具有决定性的影响。因此，想要使儿童长大成人以后，成为什么样的人才，就要看我们给予儿童们以什么样的教育和培养得如何。

影响儿童发展的社会环境，从总的方面说就是社会政治制度，从具体的关系来说就和家庭、学校等各方面都很密切。父母、老师、兄弟、姐妹、亲戚、朋友、邻居等人，只要同孩子经常接触，就都必然给予儿童以不同程度的影响。越是年纪小的受影响越深，一直影响到他们成年以后的思想作风和生活习惯；由最初开始知道爱和憎，到后来形成了自己的性格。这个过程是极其复杂的。

为了使孩子能够受到较好的影响，古代的人就已经很注意选择生活的环境，如果环境不好有时就得搬家。孟子的母亲"三迁其居"，用我们现在眼光看去，虽然可以做种种评论，但是她所以不得不搬家三次，毕竟是因为她要给孟子寻找她认为好的环境，这个母亲的心理倒是不难理解的。

事实证明，孟子的母亲很懂得教育孩子的道理。据汉代韩婴在《韩诗外传》中的记载："孟子少时，东家杀豚。孟子问其母曰：东家杀豚何为？母曰：欲啖汝。其母自悔而言曰：吾怀妊是子，席不正不坐，割不正不食，胎教之也；今适有知而欺之，是教之不信也。乃买东家豚肉以食之，明不欺也。"这个故事也是许多人早已熟悉的。还有曾子的妻子，同样因为无意中说了一句哄骗孩子的话，曾子就特地杀了一口猪，表示不欺骗孩子。

这一类故事多得很。宋代邵博在《闻见后录》中记载了另一个著名的故事："司马光曰：光五六岁时，弄核桃。女兄欲为脱其皮，不得。女兄去，一婢以汤脱之。女兄复来，问脱核桃者，光曰：自脱也。先公适见之，呵曰：小子何得谩语！光自是不敢谩语。"司马光以亲身的经历，教育后人不可说

邓　拓

谎。显然，这些故事，在我们今天对孩子进行教育的时候，还是有用的。至于不骂人、不发脾气，在古人对儿童的教育中，同样也很注意。明代苏士潜在《苏氏家语》一书里，写道："孔子家儿不知骂，曾子家儿不知怒，所以然者，生而善教也。"当然，现在我们一般地都懂得不骂人、不打人、不发脾气、不要"态度"，而在古代却只有孔子那样的"圣人"家的孩子才懂得这些道理，可见古人毕竟不如今人。

现在我们有许多少年儿童，做出许多惊人的成绩，远远超过了古人。但愿现在做父母的和当老师的，都能更加珍爱儿童们幼小的心灵，按照他们生理发育的时期，适时地对他们进行必要的正确的教育。

儿童生理发育的时期和智力发达的时期，本来是互相适应的。简单地把六岁以前划为幼稚期，把六岁到十四岁都划为童年期，显然是不妥当的。我们应该更细致一些，对于乳儿、幼儿、童年、少年的不同阶段的生理发育状况，多加研究，进行不同的保养和教育工作，让我们的后代更好地成长起来。

一九六一年六月

不求甚解

一般人常常以为，对任何问题不求甚解都是不好的。其实也不尽然。我们虽然不必提倡不求甚解的态度，但是，盲目地反对不求甚解的态度同样没有充分的理由。

不求甚解这句话最早是陶渊明说的。他在《五柳先生传》这篇短文中写道："好读书，不求甚解；每有会意，便欣然忘食。"人们往往只抓住他说的前一句话，而丢了他说的后一句话，因此就对陶渊明的读书态度很不满意，这是何苦来呢？他说的前后两句话紧紧相连，交互阐明，意思非常清楚。这是古人读书的正确态度，我们应该虚心学习，完全不应该对他滥加粗暴的不讲道理的非议。

应该承认，好读书这个习惯的养成是很重要的。如果根本不读书或者不喜欢读书，那末，无论说什么求甚解或不求甚解就都毫无意义了。因为不读书就不了解什么知识，不喜欢读也就不能用心去了解书中的道理。一定要好读书，这才有起码的发言权。真正把书读进去了，越读越有兴趣，自然就会慢慢了解书中的道理。一下子想完全读懂所有的书，特别是完全读懂重要的经典著作，那除了狂妄自大的人以外，谁也不敢这样自信。而读书的要诀，全在于会意。对于这一点，陶渊明尤其有独到的见解。所以，他每每遇到真正会意的时候，就高兴得连饭都忘记吃了。

这样说来，陶渊明主张读书要会意，而真正的会意又很不容易，所以只好说不求甚解了。可见这不求甚解四字的含义，有两层：一是表示虚心，目的在于劝戒学者不要骄傲自负，以为什么书一读就懂，实际上不一定真正体会得了书中的真意，还是老老实实承认自己只是不求甚解为好。二是说明读书的方法，不要固执一点，咬文嚼字，而要前后贯通，了解大意。这两层意思都很重要，值得我们好好体会。

列宁就曾经多次批评普列汉诺夫，说他自以为熟读马克思的著作，而实际上对马克思的著作却做了许多曲解。我们今天对于马克思列宁主义的经典著作，也应该抱虚心的态度，切不可以为都读得懂，其实不懂的地方还多得很哩！要想把经典著作读透，懂得其中的真理，并且正确地用来指导我们的工作，还必须不断努力学习。要学习得好，就不能死读，而必须活读，就是说，不能只记住经典著作的一些字句，而必须理解经典著作的精神实质。

在这一方面，古人的确有许多成功的经验。诸葛亮就是这样读书的。据王粲的《英雄记钞》说，诸葛亮与徐庶、石广元、孟公威等人一道游学读书，"三人务于精熟，而亮独观其大略"。看来诸葛亮比徐庶等人确实要高明得多，因为观其大略的人，往往知识更广泛，了解问题更全面。

当然，这也不是说，读书可以马马虎虎，很不认真。绝对不应该这样。

邓 拓

观其大略同样需要认真读书，只是不死抠一字一句，不因小失大，不为某一局部而放弃了整体。

宋代理学家陆象山的语录中说："读书且平平读，未晓处且放过，不必太滞。"这也是不因小失大的意思。所谓未晓处且放过，与不求甚解的提法很相似。放过是暂时的，最后仍然会了解它的意思。

经验证明，有许多书看一遍两遍还不懂得，读三遍四遍就懂得了；或者一本书读了前面有许多不懂的地方，读到后面才豁然贯通；有的书昨天看不懂，过些日子再看才懂得；也有的似乎已经看懂了，其实不大懂，后来有了一些实际知识，才真正懂得它的意思。因此，重要的书必须常常反复阅读，每读一次都会觉得开卷有益。

一九六一年八月

多学少评

多学少评，这是值得提倡的正确的求知态度。我们对于任何事物，如果不了解它们的情况，缺乏具体知识，首先要抱虚心的态度，认真学习，切不可冒冒失失，评长论短，以致发生错误，闹出笑话，或者造成损失。这也是我国历代学者留给我们的一条重要的治学和办事的经验。谁要是无视这条宝贵的经验，就一定会吃大亏。

一般说来，实际动手写一部书、做一件事等等，是相当不易的；而袖手旁观，评长论短，总是不大费劲的。比如，古人写一部书吧，往往尽一生的精力，还不能完全满意。却有一班喜欢挑剔的人，动辄加以讥评，使作者十分寒心。明代刘元卿的《贤奕编》中曾经举过一个例子，最足以说明这个问题了。

据说："刘壮舆常摘欧阳公五代史之讹误，为纠缪，以示东坡。东坡曰：

往岁欧阳公著此书初成,王荆公谓余曰:欧阳公修五代史,而不修三国志,非也;子盍为之!余固辞不敢当。夫为史者,网罗数十百年之事,以成一书,其间岂能无小得失?余所以不敢当荆公之托者,正畏如公之徒掇拾其后耳。"这个故事在明代陈继儒的《读书镜》中,有同样的记载。陈继儒并且感慨很深地说:"余闻之师云:未读尽天下书,不敢轻议古人。然余谓:真能读尽天下书,益知古人不可轻议。"

事实上,欧阳修的《新五代史》比薛居正的《旧五代史》,篇幅少了一半还不止,而内容却有许多独到之处。这是不可抹杀的。然而,历来挑剔是非的人多得很,而且有许多不能使被挑剔者心服,这是为什么呢?这难道不是因为有许多人学问不深而性好挑剔,评长论短而不中肯要的缘故吗?

尽管有的人自以为知己知彼,很有把握,对于自己的学问觉得满不错,对于被批评的人从来看不在眼里。但是,他可能还没有想到,自己毕竟不是无所不知的,而对方也不会是老不进步的。因此,他在批评中稍一冒失就发生了错误。比如,宋代陆游的《老学庵笔记》中,提到王安石对人的批评,常常因为轻视对方,出语冒失,就是明显的例子。

陆游写道:"荆公素轻沈文通,以为寡学,故赠之诗曰:脩然一榻枕书卧,直到日斜骑马归。及作文通墓志,遂云:公虽不尝读书。或规之曰:渠乃状元,此语得无过乎?乃改读书作视书。又尝见郑毅夫梦仙诗曰:授我碧简书,奇篆蟠丹砂;读之不可识,翻身凌紫霞。大笑曰:此人不识字,不勘自承。毅夫曰:不然!吾乃用太白诗语也。"可见王安石自己并不熟识李太白的诗句,轻率地批评别人,就不免闹笑话。他看不起别人,竟至随便给别人乱作盖棺定论,真真岂有此理!

王安石是宋代革新派的大政治家。他有许多革新的思想,但是缺少实际知识和办事的经验。宋代张耒的《明道杂志》说:"王荆公为相,大讲天下水利。时至有愿干太湖,云可得良田数万顷。人皆笑之。荆公因与客话及之,时刘贡父学士在坐,遽对曰:此易为也。荆公曰:何也?贡父曰:但旁别开一太湖纳水则成矣。公大笑。"在王安石当政时期，类似这样的笑话还有不少。这些无非证明，王安石有许多想法是不切实际的。特别是他很不虚心，这一点可以说是他的大毛病。

我们从古人的经验中，必须懂得一个道理，这就是：对一切事物，要多学习，少批评，保持虚心的态度。当然，这里所谓多和少，只是从相对意义上说，不应该把它绝对化起来。但是，对于我们说来，任何时候都应该更多地学习马列主义理论，并且虚心地向群众学习，在实践中学习。至于对错误的以及反动的东西必须进行坚决的斗争，那已经超出我们所说的问题的范围，又当别论了。

但是，我们如果遇到不懂的事情，总要老老实实承认自己无知；发现自己有错误，就不要怕公开承认自己的错误。明代陈继儒的《见闻录》说过一个故事："徐文贞督学浙中，有秀才结题内用颜苦孔之卓语，徐公批云：杜撰。后散卷时，秀才前对曰：此句出扬子云法言上。公即于堂上应声云：本道不幸科第早，未曾读得书。遂揖秀才云：承教了。众情大服。"果然，打开《扬子法言》的第一篇，即《学行篇》，读到末了，就有"颜苦孔之卓也"的一句。这位督学当场认错，并没有丢了自己的面子，反而使众情大服，这不是后人很好的榜样吗？

一九六一年八月

学习需要指导

"无师自通"的情形，在各种学术领域中，都是常见的。最初研究一门新的学问的人，根本找不到老师，只能靠自己苦学而"无师自通"，这是人类文化史上的平凡事例。

那么，学习是否就可以完全不需要任何指导呢？当然也不是。即便"无师自通"的人，全凭本身的努力，但是仔细查究实际情况，也不是一点不需要"师承"的。也许这种"师承"是偶然得之于他人、他事、他物的某种启发，举一反三而有所悟于新的事物和新的道理。这毕竟还是有"师承"的。至于现在我们接触到的日益复杂的科学领域，如果没有别人的经验，直接或间接地帮助了自己的研究工作；甚至没有任何文献材料，一切是彻底的空白，仅仅依靠自己从头摸索，要想得到满意的结果，恐怕也很困难。

我们平常阅读文献书籍，往往以为自己很聪明，什么都懂得，很了不起。其实，那些文献书籍上的知识，乃是前人无数实践经验的结晶，我们很便宜地不大费力地就读到和学到了，这有什么值得自鸣得意的呢？

如果光靠读几本书就骄傲起来，那末，正如以前在整风学习中常听说的，任何人只要识得字，会查各种字典，手中又有书，又有饭吃，就都可以摇头摆脑地读起来。书是不会跑的，可以随便把它打开或者合起，这是世界上最容易办的事情。这比炊事员同志做饭容易得多，比杀鸡、宰猪更容易。鸡、猪会飞、会跑，不好捉；捉来还会挣扎、叫喊。一本书摆在桌子上，既不会飞、不会跑，又不会叫，随你怎样摆布都可以。世界上那有这样容易办的事情呀！

不过，读书虽然比较容易，也得有相当的基础，特别是读专门的书，基础不厚还不行。比如，有的人读古书，念不成句子，叫他标点断句，更是一塌糊涂。还有许多人根本看不懂外文科学书刊。由此可见，要把书读懂，还得有适当的指导。起码要有人教他学会古文断句或外文，以便对原书作者的用字行文的本来意思能够了解。

明代的叶秉敬，在《逌徇编》中写道："吾有个无财布施法：如难读之书，教人易读；不读之书，教人知读。此是大布施。"用我们现在的办法，这就要组织一班人，翻译外文科学书刊，或者把古书加以标点、注解，重新翻印发行，使一般人都读得懂。

无论我们中国原有的古书或是外国科学著作，未曾注解和翻译的数量很多。这些著作,我们如果都不读,却硬着头皮在那里钻研,岂不是有点浪费气力吗?

但是,这个办法大规模地实行起来,相当不容易,特别是要很长的时间。有许多研究工作,如果等到大规模地实行这个办法,时间太久了,恐怕赶不上用。所以我认为这个办法还可以小规模地零零碎碎地实行。这就要求有关的报纸刊物,最好能把眼前大多数人迫切需要的古书的精华,或外国科学资料,及时地择要介绍给读者,加强对各方面学习的指导。

一九六二年四月

学问不可穿凿

几位应届毕业的同学在一起谈论,中心的问题是:经过大学文科四年的学习之后,能不能独立地进行学术研究?他们比较一致的意见是能够独立研究,但是有一个前提,就是必须树立正确的治学态度。

他们征求我的意见,我表示同意他们的看法,并且做了一些补充。归纳起来,我补充的意见集中到一点,就是说,为了树立正确的治学态度,必须从积极方面努力学习马克思列宁主义的思想方法论,认真地把自己武装起来,千万不可使我们的学术研究工作,沾染了不正确的思想作风。

对于各种不正确的治学方法,我们都要注意防止。其中特别值得警惕的,是古来一般学者最容易患的穿凿的毛病。有这种毛病的人常常强词夺理,把许多说不通的道理,硬要说通,因而随意穿凿,牵强附会。

然而,学问之道是穿凿附会不得的。《易传乾卦文言》中说:"君子学以聚之,问以辩之。"可见学问是要集中大量的材料进行分析研究的结果,决不是穿凿附会的产物。

古来不管何等大名鼎鼎的人物,凡是做学问不踏实,而有穿凿附会之病者，几乎没有不闹笑话的。比如，宋代王安石虽然是一位大政治家，但是，他也有若干缺点，不容掩饰。他写过一部《字说》，据当时名家的评论，认为其中许多解释便有穿凿的毛病。如苏轼《调谑编》所载：

"东坡闻荆公字说新成，戏曰：以竹鞭马为笃，不知以竹鞭犬有何可笑？公又问曰：鸠字从九从鸟，亦有证据乎？坡云：诗曰，鸤鸠在桑，其子七兮；和爷和娘，恰似九个。公欣然而听，久之始悟其谑也。"

这虽然是一个笑话，可是也证明了穿凿附会的毛病，对于做学问的人，是多么有害的啊！

其实，这种穿凿的毛病，影响所及，并不仅仅限于学术的范围。据宋代罗点《闻见后录》记载：

"王荆公好言利，有小人诌曰：决梁山泊八百里水以为田，其利大矣。荆公喜甚，徐曰：策固善，决水何地可容？刘贡父在坐中，曰：自其旁别凿八百里泊，则可容矣。荆公笑而止。王荆公会客食，遽问：孔子不撤姜食何也？刘贡父曰：本草书，姜多食损智；道非明民，将以愚之；孔子以道教人者，故云。荆公喜，以为异闻。久之乃悟其戏也。荆公之学，尚穿凿类此。"

这样的笑话是不是苏东坡等人故意挖苦王安石的呢？当然不能说完全没有这种成分，这样的笑话并非凭空捏造，却是事实。这样的笑话，大可以说明任何学问决不可以穿凿。做学问的人，如果患了穿凿的毛病，就将不可救药。在这里，我不打算也不可能讨论王安石这位宋代大政治家的思想、学问和事业，只是随便引用这些材料做个例子而已。

话说到这里，大家自然要问：照你这样说，那末，什么是正确的治学态度呢？这个问题对于今天的我们是很容易回答的。答案就是"实事求是"四个大字。

大家知道，最早讲实事求是的，要数汉代的班固。他在《汉书》卷五十三《河间献王传》中写道："河间献王德，以孝景前二年立，修学好古，实事求是。"在这一句下面，唐代的颜师古做了一个注解，他说："务得事实，每求真是也。"这个意思很明显,照我们现在的话来说,就是要占有大量材料,分析研究客观的情况,辨明是非,寻求真理。

毛主席在一九四一年五月所作的《改造我们的学习》的报告中,对于实事求是做了最确切的解释:"'实事'就是客观存在着的一切事物,'是'就是客观事物的内部联系,即规律性,'求'就是我们去研究。"这里所说的实事求是,不但是我们大家公认为最好的学习态度,而且也是我们做好一切工作所必需的正确态度。

做学问的人,要树立正确的治学态度,毫无疑问,除了实事求是以外,再也不能设想还会有别的什么态度了。这种态度,和任何穿凿附会的作风,决没有丝毫共通之处。只有用这样实事求是的态度,去进行独立的科学研究及其他一切工作,才有成功的希望。

一九六二年六月

讲一点教授法

在高等学校读书的同学们,暑假在一起谈心,偶尔批评到他们的老师中有的人太不讲究教授法,使得学生们不愿意听他的课。这个问题很值得注意。教授法的好坏,对教学的质量关系重大。一切为人师者都不能不注意教授法的问题。

同学们批评有的老师在课堂上讲课往往似懂非懂,叫人听不明白,讲得很费劲,好象老师自己也不明白似的。再加上有的老师对学生的预习和复习又抓不紧,不好好进行帮助,学生听讲时就抓不住要点,没有明确的目的,下课以后总是忙于补习听不懂的课,精神十分被动,深感苦恼。对于平时作业,老师也很少深入检查,学生只要把作业交了,老师带起就走,过几天退回,对的就对了,错的老师就改了,彼此不闻不问。日常的考查更少,一到了大考的时候，免不了要手忙脚乱。特别是自然科学的课程，本来要重视在实验室中的实验操作，可是有的老师不能进行确切的指导，操作对不对，往往也不清楚。大考之前的复习也缺乏认真的帮助，以致学生不知道应该怎样进行全面的系统的复习。这些都可以说明，有的老师还没有掌握一套教授法，因此，要想进一步提高教学质量就有困难。

为了改进教学，我们的各级学校领导干部，帮助教师们讲究教授法，我看是很必要的。毛泽东同志早于一九二九年在红四军第九次代表大会的决议中，就特别提到了教授法的重要性。他当时提出了十条教授法，这就是：一、启发式（废止注入式）、二、由近及远；三、由浅入深；四、说话通俗化（新名词要释俗）；五、说话要明白；六、说话要有趣味；七、以姿势助说话；八、后次复习前次的概念；九、要提纲；十、干部班要用讨论式。这十条教授法实际上不单适用于人民的革命军队，而且是可以普遍适用的，任何教学方法都离不开这十条原则。毫无疑义，毛泽东同志所规定的这些教授法，乃是总结了前人的丰富教学经验的结果。

在文化历史悠久的古中国，最早讲到教授法的要数《礼记》的《学记》篇。它说："时教必有正业，退息必有居学，不学操缦，不能安弦；不学博依，不能安诗；不学杂服，不能安礼。不兴其艺，不能乐学。"这就是说，一年四时都要有一定的教学内容，课外必须认真自习，加以辅导。正课和辅导课要密切结合。没有一定的辅导课，正课就学不好。不努力自习，也学不好正课。正课与课外作业结合得好，学生的学习兴趣就更高，学习的成绩一定也更好。《学记》中还说了教师和学生应当注意的其他许多事项。比如说："君子之教喻也，道而弗牵，强而弗抑，开而弗达。道而弗牵则和，强而弗抑则易，开而弗达则思。和易以思，可谓善喻矣。"又说："学者有四失，教者必知之。人之学也，或失则多，或失则寡，或失则易，或失则止。"这些的确都是教学两方面应该注意的重要问题。

除了《学记》以外，其他书籍记载教学方法和经验的还多得很。例如

邓 拓

《国语》载:"朝而受业,昼而讲贯,夕而修复,夜而记过。"这就把教学的程序规定得非常清楚。照我们现在的话说,这就是要求老师给学生讲授课业的时候,必须当场讲解透彻,使学生完全懂得,下课以后再让学生自修和复习,容易记错的地方特别要多记几遍。

历代封建统治阶级设定的学校制度,虽然教学的目的是落后的或反动的,但是教授法仍有许多可取之处。汉代的儒学是人所共知的,可以不说;且说蒙古族统治的元代。据《元史》《选举志》载,元世祖至元二十四年"立国子学而定其制,设博士通掌学事,分教三斋生员。……复设助教,同掌学事,而专守一斋;正录申明规矩,督习课业。……博士、助教亲授句读音训,正录伴读,以次传习之。讲说则依所读之序,正录伴读,亦以次而传习之。次日抽签,令诸生复说其功课"。这样的教授法,明清以后基本上没有改变。

而且,从前有许多知名的学者,往往私人讲学,他们的教授法更有特色。如宋代廖莹中的《江行杂录》描写了司马光的教授法,他说:"温公之仕崇福,春夏多在洛,秋冬在夏县,每日与本县从学者十许人讲书,用一大竹筒,筒内贮竹签,上书学生姓名,讲后一日即抽签令讲,讲不通则微数责之。"我们的教师对学生的要求似乎应该比司马光更严格一些,而决不应该比他还不如。

具体说来,各科有各科的要求,当然说不完。但是,不管什么学科,教师总应该经常考查,直到学生真正懂了为止。复习的题目尤其应该使学生觉得有兴趣,而不觉得是负担。教师自己更要经常努力学习,对自己讲授的学科内容,如果学得烂熟,教起来自然就能生巧了。

一九六二年八月

(均选自《邓拓诗文选》,人民日报出版社1986年版)

马洪骄编撰

卢嘉锡

【题解】

卢嘉锡（1915—2001），祖籍福建龙岩市永定县坎山镇浮山村，我国现代化学家、教育家和社会活动家，早年留学英国和美国，获伦敦大学物理化学专业哲学博士学位，回国后在厦门大学、浙江大学、福州大学和中国科学院任职。卢嘉锡一生为国家科研与教育事业而奉献，其科教理念与办学实践内涵丰富，包括科学救国与科学报国的理想信念、科教融合的教学方法、"请进来"与"走出去"的办学思想、"相马"的人才培养模式、"毛估"的科研方法等。

在《当代科技发展与高等教育的教学改革》一文中，卢嘉锡指出要培养出高质量的、适应 21 世纪需要的人才，高等教育的教学内容和课程体系须随社会发展、科技进步和教育思想的变革而改革。当代科学技术发展具有三大特点：发展速度和变革过程快、"既高度分化又高度综合而以高度综合为主的整体化趋势"、"科学技术转化为生产力的速度越来越快"。因此，在面向 21 世纪培养高等科技人才时，"科技和社会的发展要求我们培养的人才必须掌握现代科技的最新成果，必须具有较强的能力和宽厚的基础。这就要求教学内容和课程体系必须现代化"。

卢嘉锡在《关于加强学术领导和培养人才》一文中，指出在以行政领导为主逐步向以学术领导为主的过渡中，"许多工作都要改变过去的传统做法，因而必然有许多困难需要我们去克服"。其中,很重要的一点就是要发扬学术民主,"整顿科研秩序,改革科研管理,健全规章制度,创造学术环境,开展同行评议,活跃学术空气"。

卢嘉锡撰文《"毛估"的思维方式》,总结早年学习与研究的经验。科学家虽然不是"算命先生",无法"预言"自己的研究结果,"但茫无目标地'寻寻觅觅'也是科学工作者的大忌"。因此,在进行科学研究时,应先对最终结果作一定的预测,以便从整体上更好地把握研究方向。这种预测就叫作"毛估",并且"毛估比不估好"!

当代科技发展与高等教育的教学改革

去年 8 月间,国家教委高等教育司的同志找到我,谈了国家教委正在制定和实施"面向 21 世纪教学内容和课程体系改革研究计划",这是一个很有意义和远见的计划。近半个世纪以来,科学的发展非常迅速,科学技术各领域都取得了举世瞩目的成果。我国高等教育的教学内容应当把这些新进展反映到教学过程中,要对高等教育的教学内容和课程体系进行深入的研究和改革。否则,我国的高等教育就要落后,将难以培养出高质量的、适应 21 世纪需要的人才。今天召开的这个"面向 21 世纪,科学发展前沿和教学改革"大型报告会是一个很好的形式,通过这类活动,大家可以相互交流、提高认识,共同推动高等教育的教学改革。下面我谈两个方面的问题。

一、现代科学技术的发展状况及其特点

20 世纪中叶以来,科学技术发展速度之快,发展规模之大,作用范围之广,产生影响之深远,是历史上前所未有的。目前在全世界范围内,正在进行着以微电子学和电子计算机技术为主要标志的新的科学技术革命,形成了一系列高新技术部门。概括起来,当代科学技术的发展具有如下特点:

(一)在发展速度和发展过程上具有加速发展和急剧变革的特点

1. 发展速度呈加速增长的趋势

曾经有过估算,截至 1980 年,人类社会获得的科学知识,90% 是第二次世界大战后 30 余年获得的。到公元 2000 年,人类社会获得的知识还将翻一番。现在全世界发表科技论文的数量每隔一年半就增加 1 倍。据粗略统计,人类的科技知识,19 世纪是每 50 年增加 1 倍,20 世纪中叶是每 10 年增加 1 倍,当前则是每 3 年至 5 年增加 1 倍。由于科技知识的激增,新学科不断涌现,科技知识的更新速度也在加快。从这个意义上讲,我们的高等教育应当进行改革,要把培养获取知识的能力作为重点,使学生走上工作岗位后能够不断地和有效地更新、掌握所需的科技知识,以便适应实际工作的需要。

2. 发展过程以急剧变革为其特点

现代科学技术的发展经历了 5 次伟大的革命。1945—1955 年,第一个 10 年,是以核能的释放和利用为标志,人类开始了利用核能的新时代;1955—1965 年,第二个 10 年,是以人造地球卫星的发射成功为标志,人类开始了摆脱地球引力,飞向外层空间的进军;1965—1975 年,第三个 10 年,是以 1973 年重组 DNA 实验的成功为标志,人类进入了可以控制遗传和生命过程的新阶段;1975—1985 年,第四个 10 年,是以微处理机的大量生产和广泛使用为标志,揭开了扩大人脑能力的新篇章;1985—1995 年,第五个 10 年,是以软件开发和大规模产业化为标志,人类进入了信息革命的新纪元。

20 世纪快要结束了,让我们回顾一下 19 世纪科学技术的发展,决定性的时期还是在 19 世纪的最后几年到 20 世纪的最初 25 年。这个时期物理学上出现了三大成就。一是 1905 年到 1915 年爱因斯坦的相对论;二是 1924 年到 1926 年的量子力学;三是原子核物理,知道了原子里面有电子、原子核,原子核里面有中子、质子,原子核也能变化。19 世纪最后 10 年发现了电子,发现了放射性,一直到 20 世纪初,把原子的模型建立起来,把原子结构建立起来,从而对分子结构有了进一步的理解。

正是由于上述这三大成就——物理学上的三大成就，决定了20世纪科学技术的面貌。这里面数学起了很大的作用。因为要表达一种自然界的客观规律，一种定量关系，需要用到数学，而且这些伟大科学家要反映宇宙间最重要规律的时候，一方面要应用到现成的数学，另一方面自己也对数学发展做出了重要的贡献。爱因斯坦在数学上就做出了重要贡献。像量子力学的一些奠基人，如海森堡等也都在数学上有所创新。这些说明了基础科学的重要性。

从根本上说，20世纪科学技术的发展都是来源于20世纪初期物理学上的三大成就。比如，50年代初遗传密码搞出来了，分子生物学出来了，遗传工程出来了，这些靠的都是原子、分子的结构搞得比较清楚了，规律也比较好地掌握了。21世纪就要到来了，那么，决定21世纪科学技术面貌的应该是什么？这就需要研究。

从这方面讲，我国高等教育所培养出来的人才就应当具备比较宽厚的基础科学知识和抓住机遇，追踪、占领科技发展前沿的能力。

（二）既高度分化又高度综合而以高度综合为主的整体化趋势

当代科技发展有两种形式：一是突破，二是融合。突破是研究、探索新的科学规律和科技成果来发展充实原有的科学规律和科技成果。比如，现代化学与18、19世纪时期的经典化学比较起来，它的显著特点是从宏观进入微观，从静态研究进入动态研究，从个别、细致研究发展到相互渗透、联系的研究。无机化学、有机化学、物理化学和分析化学在继续发展的同时，逐步趋向综合，这些学科的界线越来越模糊。化学研究成果以及各种科技领域的广泛渗透直接促进了高分子化学、量子化学、材料化学、环境化学、神经化学等新兴和交叉学科的产生和发展。

科学技术的融合是互补和合作。现代的技术发明越来越依靠科学，科学与技术的关系已是密不可分。比如，从原子核物理发展到原子核技术，再发展到原子核工程；从分子生物学发展到生物技术，再发展到生物工程。我国"863计划"的8个领域（生物、航天、信息、激光技术、自动化、新能源、新材料、海洋）大都是从基础科学的实验室里发展起来的。另一方面，近十几年来，科学技术发展的一个鲜明特征是日益求助于多学科融合的战略来解决各种问题，这就导致了新的跨学科研究领域的出现，最终形成了具有确定的特有概念和方法论的新学科和新领域，并开辟了一个全新的研究系列。例如，环境问题是当今人类所面临的重大课题之一，需要从人文社会科学、地理学、大气科学、化学、生物学等多角度综合研究，这就导致了新学科——环境科学的诞生。

对于现代技术而言，越是新技术，包含的科学知识越密集，高技术就是科学知识密集的技术。比如，航天技术是集数学、物理学、力学、计算机科学、材料科学等为一体的研究；新能源技术则是集化学、物理学、地学、海洋学等为一体的研究。

21世纪将是不同领域科技创造性融合的时代。科学和技术更加接近，各种不同科技领域之间发生共鸣作用和共振现象，随时有可能产生爆炸性的冲击波以及随之而来的综合效果。针对现代科学技术发展的综合化趋势，我们高等教育应如何改革？适应21世纪需要的人才应该具备什么样的知识结构？这是一个需要抓紧时间深入研究的课题，有一点却是十分清楚的，这就是要加强基础课程的教学。大家知道，50年代中期，我们要搞两弹一星（原子弹、氢弹、人造地球卫星）。当时集中了一批人才，其中很多是物理学家，如钱三强、王淦昌、彭桓武、王承书、朱光亚、周光召、于敏等同志，他们中有的是搞实验物理学的，有的是搞原子核物理的，有相当一部分是搞理论物理的。也集中了一批化学家来解决当时化学方面的一些问题。他们没有辜负党和国家的期望，做出了很大贡献。再比如高分子科学，我们国家第一代搞高分子科学的科学家都不是原来就搞高分子的，他们有的是搞有机化学的，有的是搞物理化学的，是后来转向搞高分子，才使得我国的高分子科学很快地发展起来。这些都说明，基础科学的知识在科学和技术的发展中起着很重要的作用。在高等教育的教学改革研究中，应当把如何加强学生的基础课程教学放在重要位置上。

（三）科学技术转化为生产力的速度越来越快

"科学技术是生产力"是马克思主义的一个基本原理，邓小平同志进一步作出"科学技术是第一生产力"的论断具有伟大的现实意义和深远的历史意义。20世纪以来，科学技术应用于生产的周期大为缩短。例如，在上个世纪，电动机从发明到应用共用了65年，电话用了56年，无线电通讯用了35年，真空管用了31年。而本世纪以来这种时间间隔大大缩短了。如雷达从发明到应用只用了15年，喷气发动机只用了14年，电视只用了12年，尼龙只用了11年，从发现核裂变反应到制成第一个核反应堆只用了4年，集成电路从无到有只用了2年，激光器只用了1年的时间。特别是电子技术问世以后，其变革的速度明显加快，其中电子计算机技术的发展是最典型的代表。比如，从1973年研制成功第一台微处理机到80年代初期已更新了4代。再举一个我国高校将科学技术转化为生产力的例子——北大方正。1974年8月，"汉字信息处理技术工程"列入国家科研计划，1981年激光照排机原理性样机通过鉴定，到目前累计产值已近20亿元，而这项技术的发明人王选教授是学数学出身的。这说明，现代基础科学同样孕育着巨大的生产力，如何使掌握有现代基础科学知识的人才有效地将其转化为生产力理所当然应是当今教育部门和社会各方面都应深入研究和关注的课题。

二、高等教育的教学内容和课程体系必须随着社会发展、科技进步和教育思想的变革进行改革

前面我们讲了现代科学技术发展的三大特点。当我们注意面向21世纪培养高等科技人才时，科技和社会的发展要求我们培养的人才必须掌握现代科技的最新成果，必须具有较强的能力和宽厚的基础。这就要求教学内容和课程体系必须现代化。然而，我们现在的高等教育中有些人才培养的模式、专业设置、教学内容和课程体系以及有的思维方式，与这些要求还远远不能相互适应。

（一）我国高校教学内容和课程体系的现状

1. 关于教学内容

现在，我们的高等学校中，学习自然科学和工、农、医各科的全部学生以及学习人文和社会科学的部分学生必修的某些基础课程（如高等数学、普通物理、普通化学等）的教学内容和课程体系主要是建立在以微积分数学、经典物理学和道尔顿原子论为基础的 20 世纪以前的科学结构和体系上，20 世纪以来科学技术发展的巨大成就很少进入基础课程的体系。科学在前进，课程却仍然以不变应万变。有人提出，现在高等教育的基础课程教学中存在着先进的科学前沿理论与陈旧的基础课程教学内容和体系的矛盾，这个看法不无道理。现在的普通物理的课程体系，不改革，就很难加入适当的相对论、量子力学的内容，这必然使非物理系的广大学生的物理基础和时空观停留在 19 世纪，当然与培养 21 世纪人才是格格不入的。现在的高等数学课程体系和内容，主要是微积分和很少一点常微分方程，连现在的中学教学中都已有的集合论、组合论都没有反映，更缺乏现代的概率统计、离散数学、系统理论、非线性理论等。可是现在，相对论、量子力学、系统理论、非线性理论、量子化学、分子生物学等等本世纪建立的科学理论却已成为当代科学和高新技术不可缺少的理论基础了。

另一方面，我们现在基础课程的教学中，有的与中学教材存在着不少不必要的重复，有的课程之间也重复得很多。有许多教学内容只讲静态的、分散的具体知识，缺乏动态的、发展的、整体的科学思维方法和科学发展趋势等有利培养能力和创新精神的内容。要培养适应 21 世纪发展需要的人才，改革教学内容和体系，实现教学内容和基础课程的现代化，不仅非常必要，而且十分紧迫。

在教学方法上，我国的教学方法重演绎、推理，按部就班，严谨认真；美国的教学方法则重归纳、分析和渗透、综合。中美双方教育传统的长短是互补的，若能将两者和谐地统一起来，将是一个有意义的突破。

卢嘉锡

2. 关于教育思想

大家知道，现代教育思想，摈弃了把专业划分过窄、知识分割过细的观念，强调综合性和整体性的素质教育；摈弃了单纯传授具体知识的观念，强调培养分析、启发思路、解决问题的能力和创新精神；摈弃了老师讲、学生听的灌输式教学方法，强调充分发挥学生的积极性和主动性，充分应用现代教育技术进行双向教学，使学生学会学习，具有自我开拓和获得知识的能力等等。这些教育思想和方法的转变，必须引起我们对教学内容和体系的改革。

我国社会主义高等教育总的培养目标是德、智、体诸方面全面发展的社会主义事业的建设者和接班人。具体到各个专业，是培养适应社会主义建设需要的、德智体诸方面全面发展的各种专门人才。随着社会经济、政治、科技文化以及教育的发展和变革，各个时期对专门人才的理解有所不同。在50年代"学习苏联"时期，提出培养"科学家"、"工程师"，要求大学毕业就成为各行各业的专家。这即使是在当时5年、6年学制下也难以达到。改革开放15年来，我们在教育思想、教育目标上已经有了较大的改革和转变；但是，原来苏联教育模式的影响仍然不同程度地存在，有的甚至认为没有"突破原苏联教育模式"。当然，在当时的历史背景下学习苏联教育，也有许多好的、积极的作用，不能全盘否定。我们现在要研究的是在学习苏联教育模式之后，在理工分家，专业设置过窄，本科教育目标定得过专、过高等方面弊端至今仍存在的影响如何克服，如何根据现在的教育思想和实际需要正确地确定教育目标。

（二）改革教学内容和课程体系的迫切性

当今世界处在大变动的历史时期。社会的经济、政治都在发生着深刻变化，国际竞争日益加剧。在国内，党的十一届三中全会以来，我国社会政治、经济都取得巨大进步。特别是建立社会主义市场经济体制以后，社会结构正在发生深刻的变化。高等教育正在由国家统一计划招生、包培养、包分配转向学生交费上学、毕业后自主择业。这就必然要求我们要改革培养模式，改革教学内容和课程体系，以适应社会和学生的多样化选择。陈旧、过时的教学内容和课程体系肯定不适应社会和学生的要求，必须尽早尽快改变。

现今，我们正处在世纪之交，再过6年人类社会就要进入21世纪。根据当今科学技术的发展情况推测，21世纪人类将进入信息化社会。信息化社会对人才的知识和能力结构必然提出全新的要求。江泽民同志指出"本世纪90年代到下世纪中叶，是中华民族振兴的关键时期"。"我们要牢牢把握这一难得的历史机遇，紧紧追踪世界科学技术的发展，广泛吸收和采用先进科学技术，大力改造传统产业，加快发展新兴产业，不断提高科技进步在推动经济增长中的作用，促进整个国民经济持续、快速、健康发展"。可以说，我们能否培养出适应21世纪需要的人才，关系到21世纪我国能否追踪世界科技前沿，关系到我国国民经济能否尽快赶上世界发达国家。我们应该抓住当前这个不可多得的机遇，深入地进行高等教育教学内容和课程体系的改革。

同时，我国的高校现在正处在新老教师交替的时期，在有丰富教学经验的老教师即将退出教学岗位之前，他们的经验对于改革是极为宝贵的，他们的经验对于培养新一代青年教师也是十分宝贵的。

（三）改革教学内容和课程体系要进行深入的研究

教学内容和课程体系改革是一项涉及面很广、影响极其深远的改革，系统性、科学性很强。改革一定要遵循教学规律和科学发展的规律，要处理好传统内容和现代内容的关系，要处理好传授知识和培养能力的关系。作为教学内容和教材，必须是成熟的、稳定的、基础的理论知识，不可能也不应该将当代科学的所有东西都放进去。这就需要开展专门的、系统的和深入的研究。国家教委高等教育司正在制定"面向21世纪教学内容和课程体系改革研究计划"，这是一项很有意义、有远见的工作。以前我们的教学研究主要靠自发的形式来搞，更多地把注意力放在局部上，很难在系统性和整体性上有所突破。教学改革研究就其综合程度和影响意义上来讲是极其重要的，它关系到我们培养出来的人才的素质。大的研究项目应该采取科学研究的方式进行组织，要有专门的经费支持和高水平的研究队伍，这样研究才能深入，才能有所突破。各级领导要给予充分重视，社会各界也要积极支持。希望大家携起手来，共同为我国高等教育的教学改革，为新世纪人才的培养做贡献。

当今科学技术的迅猛发展、社会经济的急剧变革要求我们必须深入地进行高等教育的改革，以培养出能够适应和引导 21 世纪发展的优秀人才。能否做到这一点，关系到我们国家的命运，民族的未来。教育改革的核心是教学改革，目标是提高教育质量，希望全社会都能关注和支持这一事业，抓住当今这一难得的历史契机，使我国的高等教育迈上一个新台阶。

（原载于《中国高教研究》，1995 年第 3 期）

关于加强学术领导和培养人才

中国科学院目前正处在一个过渡时期。这个过渡，主要是指对科研业务的领导管理，由第四次学部委员大会前的以行政领导为主逐步向以学术领导为主过渡。在这个过渡时期，许多工作都要改变过去的传统做法，因而必然有许多困难需要我们去克服。我曾经说过，我们几位新上任的科学家是"受命于过渡之际"。我也曾经说过，我们大家宁可把这个过渡时期想得长一些，对困难估计得充分一些。我认为，这对我们的工作是有好处的。

去年五月召开的第四次学部委员大会，在改革领导体制、加强学术领导方面，已经开始迈出了重要的一步。但是，要切实做到从以行政领导为主过渡到以学术领导为主，还有许多工作要做。其中很重要的一点就是，要发扬学术民主，整顿科研秩序，改革科研管理，健全规章制度，创造学术环境，开展同行评议，活跃学术空气。

加强学术领导，必须充分发扬学术民主，形成浓厚的学术气氛。事实证明，没有学术民主，就没有浓厚的学术气氛，也就谈不上什么学术领导。近几年来的经验使我们认识到，搞好同行评议，是发扬学术民主的一个好办法，是加强学术领导的一项重要措施。第四次学部委员大会以后，我们首先抓了评议研究所的工作，收到了比较好的效果。这样做，就能逐步使学术上的重大问题，都能由科学家提出建设性的意见。被评议的研究所感到很有帮助，而我们通过评议研究所也就更加深入地了解到对研究所到底如何实行学术领导。当然，目前我们的同行评议还不完善，还存在一些问题，但是评议总是比不评议好，通过最近一个时期的工作，由于开展了同行评议，包括评议研究所，学术气氛比过去浓，起到了发扬学术民主，加强学术领导，推动科研工作的作用。

真正加强学术领导，就必须从学术上考虑问题，就必须有战略眼光，改变过去那种只靠行政会议决定问题的做法。为此，就必须改革现行的科研管理办法。从今年开始，我们将改变过去对科研经费的管理办法，其中很重要的一条是，实行"择重"、"择优"支持。"择优"支持就是要对那些有较高学术水平和学术思想的学术带头人和研究课题予以支持；"择重"支持，就是对那些能够解决国民经济和国防建设中的关键性科技问题的研究课题给以支持。"优"和"重"不是孤立存在的，必须相互结合。而要选好"优"和"重"，就要靠加强学术领导，靠学术领导的水平。对"优"和"重"，对院管重点支持项目的管理办法也要改变。总的来说，要有"立足于成"的考虑。一是要有近期和远期目标，二是要有一定的期限，一般应在三五年内见效或完成，对那些一搞十几年、几十年都无结果的"胡子"项目不能支持。当然，"立足于成"也好，限期完成也好，主要指的是应用研究和发展工作，对于基础研究就很难要求限期完成，但是，也应当有个计划安排，每个阶段都要有计划进展，取得有一定意义的结果（最好是预期结果）。如果所有项目都能做到这一点，那就证明，学术领导水平是提高了。在科研经费管理上另一项改革是，从今年开始，我院要实行中国科学院科学基金资助办法。这是面向全国的基金，评议的工作量很大。对要求资金资助的项目，期限应当更短一些，一般要求在两三年内就要拿出成果来。目前我们正在研究具体的审议办法。我院的重点支持项目经费今年有四千万元，科学基金今年有三千万元。待取得经验之后，还要增加重点支持项目经费的数目，提高资助经费的比重，减少包干经费的比重，以促使大家动脑筋，解决"吃大锅饭"问题。改革科研管理的另一个方面的内容是，应当改变目前大型仪器设备的管理使用办法。现在，我们有不少设备，不是使用坏了，而是放坏了，停坏了，以致造成很大的浪费。为了对国家负责，充分发挥大型仪器设备的作用，我想，今年可否在有些所建立研究设备比较配套的综合性实验室，不光提供本所使用，还可适当对外开放，主要是接待那些具有真才实学而又缺乏仪器设备的高级研究人员来做访问学者。这样，既可交流学术思想，开阔眼界，又能很好地发挥仪器设备的作用。有一位澳大利亚的科学工作者，因为缺乏实验设备，在他的主动要求下到我们福建物质结构所工作了一段时间，我这次回福州了解到，他的工作取得了成果。为此，他十分感谢我们，而我们从他那里也学到了一些东西。

加强学术领导的一个重要任务，是制订正确的学科发展政策，否则，"择重"、"择优"也就无从做好。当然，全面的学科政策可能在一两年内搞不出来，但是学科建所的方向应当坚持。确定重点支持的学科，要有两个方面的考虑，一是世界科学发展的动向，一是国家的需要。我们应当急国家之所急。要以学部为主，请科学家来制订学科发展政策，要从纵的（各学部系统）和横的（各种委员会）两个方面来着手，既要发挥各学部的作用，又要注意发挥院部各职能局、各专业委员会的作用，争取今年上半年搞出学科发展政策的大体轮廓来。有了学科发展政策，重点支持的学科进而重点支持的项目也就好确定了。

臃肿的办事机构，严重的官僚主义，是加强学术领导的一大障碍。中央和国务院已下了很大的决心整顿、精简国家机构。我们科研单位也应当这样做。院所两级的机构也应当进行调整、整顿和精简，并且要层层建立岗位责任制，加强横的联系，提高工作效率，以适应加强学术领导的需要。

怎样衡量一个单位学术领导水平的高低呢？我认为主要应当从学术水平和学术思想来衡量。一个学术领导水平高的单位，它的学术水平高，所选的课题既准又好。衡量学术领导水平高低的另一个标准是，学术思想、学术传统和学术气氛。学术领导水平高的单位，不仅有活跃的学术思想，优良的学术传统，而且有浓厚的学术气氛。应当认识到，这是出成果、出人才的重要环境和条件。事实也正是如此，我们有些所之所以多出成果、出好成果，多出人才、出好人才，重要的一条是那里的学术传统好，学术气氛浓厚，他们眼光宽阔，思想敏锐，能及时准确地抓住科学问题进行深入的研究。前些时候我访问日本时，会见了荣获一九八一年度诺贝尔化学奖金的京都大学工学院福井谦一教授，请大家注意是工学院而不是理学院。这位教授过去做过其他不少方面的量子化学理论研究，但这次因在前沿分子轨道方面的重大成就而获得了诺贝尔奖金。他具有很强的思维能力，学术思想很活跃，各方面的知识都比较渊博，这正是他取得成就的重要条件。

人才培养问题是个根本性的问题，战略性的问题。没有优秀人才，就出不了重大的成果，没有优秀人才，科学院就成不了"国家队"，也就成不了综合研究中心和最高学术机构。正因为如此，人才培养工作必须狠狠地抓，大力地抓。我院现在科研第一线的主力基本上是中青年科学工作者，他们是我们的希望。我这样说，决不是贬低我们的老一辈科学家，事实上我们老一辈的科学家发展我国的科学事业做出过许许多多的贡献，我所说的是目前的现实。当前，一方面要加快对中青年科学工作者的培养，另一方面要有一批批优秀人才或者说很有培养前途的人才源源不断地补充到我院的科研队伍中来。

培养人才要有"相马"的本领，要有挑选千里马的眼光。过去，在调资、晋级、评定技术职称中，往往只注意现在已经有了"两发一突"（即发明、发现和突出贡献）的人，这种人当然应当给以重视。但是，我认为这还不够，那些几十年如一日，勤勤恳恳，兢兢业业，占领和开拓一个学术领域，陆续做出成绩的人，应当受到同样的重视。应当说，这两种人都是发展科学事业所需要的"千里马"。诺贝尔奖金有时给当年或近年有重大发现的人，有时也发给从事某项研究，几十年如一日，开拓了重要学术领域、从而取得重大成就的人。

  这些年各个方面都很注意选拔尖子，这是很正确的。对于那些早期崭露头角的尖子人才，应当及时发现，加强培养，使他们在科学工作中成为冲锋陷阵的中坚人才。我要强调指出的是，对那些"大器晚成"的人才也决不能忽视。事实上，在古今中外历史上，"大器晚成"的人才屡见不鲜。大家所熟悉的爱因斯坦就是个很好的例子。他在小学、中学念书时成绩并不好，中学毕业后第一年考大学时，竟名落孙山。但是，在后来他却取得了举世瞩目的伟大成就。早期崭露头角的人才和"大器晚成"的人才，是在成才时间上有先后之别的两种不同类型的人才，两者之间是否就没有共同的东西呢？当然不是，他们之间的共同点是：具有深刻的洞察力，对新鲜事物十分敏锐，提出的问题具有很深的深度。我认为，这应当成为我们选拔优秀人才的一个重要依据。我们所需要的人才，"全才"当然更好，但是这很难做到，因此，更多的还是"专才"。在现实生活中，我们很难要求一个人样样都精通。我认为，我们培养人才，最重要的是使他在业务上能坚持一个方向，使其稳定，不要轻易改变。同时，要使他们尽可能多接触一些其他方面的工作，这既包括理论研究，也包括实验科学。这样把基础打牢，把知识面搞得宽一些，视野就会开阔，也就能取得重大成果。

  中国女排获得世界冠军，使我们增强了培养科技方面的"国家队"的信心。女排之所以能获得世界冠军的一个重要条件是，层层选优，把最优秀的人才选拔到这个队并给以十分严格的训练。培养科技方面的"国家队"同样应当这样做。为此，一是高等学校要向我院源源不断地输送优秀人才，二是我们自己要形成几个学术中心和人才培养基地，三是加强国内外的学术交流，活跃思想，发挥"杂交优势"。此外，还应当像女排那样，队伍要成龙配套，既有打进攻的，又有打防守的，就是说，各个专业的人才要有恰当的比例，必要的组织管理和行政后勤人员也是不可缺少，而且同样需要适当的比例的。

我院今后科研人员的补充，应以研究生为主。因此，研究生培养工作要大力加强。现在有些研究生，知识面过窄，专业过专，只能适应搞某一面很窄的工作，稍加改变就不适应。这样的研究生，是不会有多大发展前途的。为此，可考虑在研究所较多的地区形成学术中心，建立人才培养基地，对研究生进行全面培养。目前，我看至少北京、上海可以这样做。同时，还可考虑与高等学校合作培养研究生，请高校帮助进行基础训练，在研究所进行专业训练，以便使研究生在基础和专业两个方面都能受到良好的训练。我们的科研人员和高校的教师可相互兼职，在发挥仪器设备的作用上也可相互支援。

人才培养工作中还有个派人出国留学的问题。应当说，这也是培养人才的一条途径。但是，一是要加强计划性，二是在送人出去的同时，就要考虑到他们回国后的工作条件。前年我到西德访问时，看到了我院派往丁肇中教授那里进修的科技人员，他们对我说，他们在那里搞的是最先进领域的工作，但是回国后并没有这方面的设备，只好重操旧业，这样的出国学习就减弱了它的意义。盲目的派人出去，是难以出高水平的人才的。我们必须把派人出去同回来的工作条件同时考虑，否则，即便在国外学到了先进的东西，回国之后也无用武之地。

人员流动也是人才培养中的一个重要问题。一潭死水对科研工作十分不利。有的人大学一毕业就进了研究所，没做出什么成绩，一直到老。这样，一个所的编制再多也容纳不了那么多人。在美国，一个研究人员在某个单位工作几年后，就要换个地方，教授有的也是如此，这样对单位和个人都能不断取得新的活力。有的同志提出可以对科研人员进行第二次分配。我觉得这是个新的想法，可以好好研究一下。总而言之，要千方百计地争取使人员流动起来，把局面搞活。

（原载于《自然辩证法通讯》，1982 年第 2 期）

"毛估"的思维方式

科学家不是"算命先生",不能"预言"自己的研究结果;但茫无目标地"寻寻觅觅"也是科学工作者的大忌。进行科学研究时,我一向比较重视对最终结果的预测,以便从总体上更好地把握研究方向。我习惯于把这种预测叫做"毛估",而且时常这样告诫自己的学生和科研人员说:"毛估比不估好!"

我所以特别强调"毛估",说起来和我做学生时出过的一次差错有关。记得念大学三年级时(1933年),教物理化学的区嘉炜老师挺喜欢考学生。有一回他出了几道考题,其中有个题目特别难,全班就我一个人基本上做出来。可是等改好的卷子发下来,我发现那道题目老师只给了四分之一的分数,感到很委屈,因为我只是把答案的小数点点错了地方。

老师注意到我思想上有些想不通,就耐心地开导我说:"假如设计一座桥梁,小数点点错一位可就要出大问题,犯大错误了,今天我扣你四分之三的分数,就是扣你把小数点点错了地方……"

我理解了老师重扣分的一片苦心,继而就想如何才能避免诸如把小数点点错地方之类的不应有的错误呢?当我静下心来检查出错的原因时,我发现问题不仅仅在一时的疏忽上,因为我的计算结果在数量级上明显的不合理;如果解题的时候能够认真对照分析一下题目所给的条件,那错误是完全可以及时发现和纠正过来的。而我所以出了"岔子",根本的原因就在于自己心中对解题的目标没个"谱"。

从那次以后,不论是考试还是做习题,我总是千方百计地根据题意提出简单而又合理的物理模型,也就是毛估一下答案的大致数量级,如果计算的结果超出这个范围,就赶快检查一下计算过程……这种做法,使我有效地克服了因偶然疏忽引起的差错。

1939年秋，我在英国获得理学（国外通常称为"哲学"）博士学位。旋即到了美国加州理工学院，跟随后来两度荣获诺贝尔奖（1951年化学奖和1963年和平奖）的鲍林教授学习和从事结构化学研究。我注意到并十分钦佩这位导师所具有的那种独特的化学直观能力：只要给出某种物质的化学式，鲍林往往就能大体上想象出这种物质的分子构型。这无形中"催化"了我朴素的毛估思维，我常常揣摩导师的治学与研究的思维方法，探究他那非凡想象力的根基与奥秘。我发现那是善于把握事物本质的能力与毛估性判断的结果。这一发现引发我更重视毛估方法的训练和提高。

在鲍林教授指导下进行了一系列研究工作以后，我深深地领悟到，具有定性意义的毛估方法对于从事科学研究是很重要的。不错，科学技术上的发现与发明往往是要经过"定量"过程，即通过大量精确的实验和计算之后才能完成；但在立题研究的初期，研究者特别是学术带头人如能定性地提出比较合理的"目标模型"（通常表现为某种科学假说或设想），对于正确地把握研究方向，避免走弯路甚或南辕北辙是很有意义、很有价值的。

回国以后的60年代，我在组织研究并合成有关硫氮系新型化合物的同时，曾设想从闭合多面体的立体构型能够打开成闭合多边形的准平面构型，甚至有可能进一步像硫磺这样的环状构型分子可以打开成链状分子。"文化大革命"打破了这个计划的实现。后来国外发现聚硫胺$(SN)_X$的薄膜和纤维（外延生长）及其多种优秀性能，证实了我当时的设想是合理的。

70年代初，豆科植物共生结瘤菌固氮酶催化的生物固氮作用以及它的化学模拟研究，引起国际上一些生物化学家和化学家的极大兴趣和重视，当时在中国科学院生物局主持生物学科研究组织管理工作的过兴先教授注意到这一动向，便倡议组织这方面的研究工作。唐敖庆、蔡启瑞和我三位化学同行立即作出响应，把化学模拟生物固氮研究着手组织起来。

我和中国科学院福建物质结构研究所的同事们对固氮酶活性中心所可能具备的构型进行了"毛估"，认为理想的固氮酶活性中心结构模型应当是不少于四核的"簇合"型化合物。运用毛估的方法使我们在 1973 年下半年就提出了"网兜状"四核簇的"福州模型Ⅰ",这是当时国际上发展得最早又是比较成熟的两个结构模型之一(另一个是蔡启瑞教授提出的"厦门模型")。后来我们在此基础上又发展出"福州模型Ⅱ"。在提出毛估的模型之后,我们还建议用网兜状陆森黑盐阴离子 $[Fe_1S_3(NO)_7]$ 作为化学模拟的第一步模型物。最近由美国的 Rees 及其合作者 Kim 和 Chan 提出的固氮酶铁钼辅基的活性簇芯结构模型,是由两个四核"网兜状"原子簇组成,一个是:$[(Fe_3S_3)Fe]$ 的"黑陆森"簇;另一个是 $[(Fe_3S_3)Mo]$,其中 Mo 原子取代陆森黑盐"兜底"Fe 原子的"黑陆林"簇,和"福州模型Ⅰ"所差的只是 Mo 原子占据的位置,而"整体"和"福州模型Ⅱ"所差的则基本上只是两个黑陆森盐的偶联方式,特别是就单体而言与"福州模型Ⅰ"十分类似。可见,我们提出的毛估模型有不小的合理成分。

当然,运用毛估需要有个科学的前提,那就是全面把握事物的本质。"性能敏感"结构是我们在新技术晶体材料科学方面提出的一种观点,有趣的是,据说一位美国同行据此估计锂硼砂($Li_2B_1O_7$)有可能是一个优质倍频晶体,可是这位美国朋友费了不少气力培养出单晶之后,却发现它的倍频作用并不理想,因而向我们的一位研究人员请教。这位研究人员回答说根据他早些时候进行的理论计算,硼砂阴离子 $[(B_1O_7)^{2-}]$ 不可能是优质倍频基因。

当这位同事向我介绍这个故事时,我立即微笑着告诉他,这其实用不着进行什么复杂的计算,只要从结构化学的角度毛估一下就可以非常直观地看出问题所在:$[(B_1O_7)^{2-}]$ 确实含有两个有利于产生倍频效应的 $[(B_3O_3)^{3+}]$ 平面六元环;可是在锂硼砂这种具体材料中,这两个平面六元环共用一个相互交错的 (B_2O_1),这样它们的平面性及类芳香性必然受到破坏,因而这种材料不可能显示出优越的倍频性能。

这是我长期从事科学研究工作积累起来的一点体会。我想寄语青年一代科学工作者:当你捕捉到一个有价值的研究课题却在工作开始后把握不住方向时,当你在探索真理的汪洋大海中感到茫然不知所措时,当你下狠心攻克某个科学难关而又难于攻下时,请回头探讨一下你的"目标模型",问问自己是否已经建立起一个相当合理的模型。

最后,我想与大家共勉的还是那句老话:"毛估比不估好!"

(原载于《数理天地·初中版》,2002年第4期)

周颖编撰

沈　元

【题解】

沈元（1916—2004），福建福州人，空气动力学家，航空工程学家，教育家，中国航空航天高等教育事业的开拓者，中国科学院资深院士。1940年毕业于清华大学，1945年获英国伦敦大学帝国理工学院博士学位。1949年以后，投身新中国航空高等学府建设，在北京航空学院的筹建、办学方针确定、专业设置、教学计划制订、师资队伍及实验条件建设、科研教学组织领导以及计算机在航空航天中的推广应用等方面倾注了大量精力，发挥了重要作用，率先在高校中创建了火箭、导弹等方面的新专业，为培养航空航天科技人才做出了突出的贡献。

在《自学要注意打好基础》一文中，沈元以自己的求学、工作经历，提出了自学的重要性、长期性、历史性和不可或缺性："一个很重要的任务，就是教会学生怎么样自学"，自学占我们一生学习的大部分时间，很多知识"老师也得自学"；"我们国家有很悠久的自学传统"，"祖先为我们树立了很好的榜样"；学校的教育教学，既要给学生知识性质的饼干，还要给他们独立解决问题的"猎枪"，而"最基本的猎枪，就是自学的方法"。沈元强调，当学生碰到与学过的知识没有直接联系的问题时，他就不容易解决，但如果学生通过自学掌握或加固了学科基本的方法、观点，"这样他就能超出已教过的范围自己去解决某些问题"。沈元特别强调，"在大学里就得猎枪多一些"，大学生知识不够,"饿的时候就去打猎,找东西吃",打好基础,练好基本功,"去解决专业性的问题"。沈元鼓励青年们利用国家为莘莘学子创造的自学条件,勤学苦练,将来为社会主义建设做出出色的贡献。

《回忆联大航空工程系》一文,沈元追忆了西南联大航空系的起源、学制、课程、教学、实习、实验课和学分制等多方面的情况,可从中看到一些重点性或亮点性的环节:航空系一年级开设了国文、英文、微积分、普通物理、普通化学、经济学概论等公共基础课;二年级的课大部分和机械系二年级的相同,有静动力学、材料力学、微分方程、机械原理、木工、金工、测量学、热机学和飞机概论;三年级开了内燃机、机械设计、电机工程(先后用Dawes、Cook氏著的两种课本)、工程材料学、流体力学和飞机结构,暑假期间安排一个月的下厂实习;四年级的课程几乎都是航空专业课,如航空发动机、高等飞机结构、应用空气动力学、飞机设计、发动机设计,还有航空气象学、航空仪表、机械振动学、金相学、金属切削刀具及机床等选修课(三年级也可以选);实验课有相当齐全的设备和计测仪器,上得很正规,做完实验要写实验报告,报告中要有原始记录数据;最轻的课(每周上一节)给一个学分,重点课如英文、静动力学等都是三个学分,安排在下午的实验实习无论时间长短"一律只给一个学分"。沈元直言"学生的淘汰率很高",二年级是"刷人的关口,尤其是静动力学和材料力学"。他还提到,"汪一彪教授讲材料力学时,考分奇紧。即使方法对,答数不对,也是零分"。见微而知著,从沈元所述航空工程系的学生淘汰率、教师评分严格度、同学们功课很重"在课余和假日仍是很会玩"等史实,人们就不难理解为什么严酷炮火中办教育的西南联大,在八年时间里培养了含诺贝尔奖获得者、"两弹一星功勋奖章"获得者、"国家最高科学技术奖"获得者和一百七十多位两院院士在内的一大批杰出人才,在中国教育史和国家发展史上写下了光辉的一页。

沈元在《加强基础 开发智力 改进管理 加速传统工业的技术改造》一文中,提出"依靠传统工业,加速传统工业的技术改造,挖掘潜力",是国民经济"实现翻两番的关键",分析传统工业存在"技术基础薄弱""性能过不了关"等问题,不少企业还存在"知识老化和人才结构的老化问题",为此提出"必须用新兴技术加以武装和改造",要"加强智力投资,开发人才",而教育是"开发智力的主要形式,是企业赖以进步和发展的重要因素",应挖掘潜力,及早抓、提前抓,以尽快缩小与其他先进国家之间的差距,服务国家的长远发展战略。

自学要注意打好基础

自学占我们一生的学习中的大部分时间。就是在学校里,自学也是很主要的部分。一个人六岁进小学,到大学毕业,十六年,就算工作到七十岁吧,在校学习的时间只占了四分之一,就是这四分之一里,还包括着自学。我这里指的自学,不是老师出了习题回家做的自学,而是用与你们类似的方法进行的自学。拿我自己的例子来讲,小时候先念私塾,念了几年后,看看不行了,大家上洋学堂,我也上洋学堂。当然,这时年纪大了一些了,我就报名同等学力考高一,结果,给我录取在初三。那我也很满意了,因为我连小学都没有念过,初中更没有念过。不过,虽说取在初三,但究竟没学过小学和初一、初二的课,要补从小学到初二的那部分,这种情况强迫我进行自学。后来上大学先念机械,后念航空。我念航空本来是想搞发动机的,后来我有机会出国念研究生。因为导师的条件,要我转搞空气动力学方面的论文。所以又强迫我学习原来没有准备好的东西。我这种自学当然是另一种意义的自学了,但是我想这也还是比较正常的。就是假如我大学仍旧念发动机,那时的发动机也只是活塞式发动机,喷气发动机还没有出来,工作后也需要重新学习。倒是喷气发动机和空气动力学有很密切的关系。我们航空学院很多教师,解放以前都是教发动机的,解放以后教书开始一段还可以,到了一九五六年以后就不行了，因为活塞式的发动机在飞机上逐渐被淘汰了，你教学生必须教喷气发动机，那么这部分的东西老师也得自学，要补上这一课。所以从人生的整个过程来看，在校也好，不在校也好，自学的确是经常的占大部分时间的。

我们国家有很悠久的自学传统，刚才汪德昭同志举了李时珍、华罗庚等等的例子，大家也知道古代有很多自学成功的故事。那时理科当然还比较少了，但文科人才还是不少的，有的是一边放牛放羊，一边念书；有的是一边种田，一边念书；有的是到书店里面看书，用各种各样的方法来学习。我想这些人成才，应该说不是靠老师教的，而是靠自己努力自学的。我们的祖先为我们树立了很好的榜样。这些多半是后汉以后的事情了，因为最早的书是刻在竹板上的，顶多是老师有一套，学生不可能各有一套，所以前汉以前，非得靠老师教不可，有的老师有时候甚至是口传的。没有人给你念，你就没有办法学。到后来，我们的祖宗给我们搞了伟大的发明，有了纸，有了印刷术，后来还有活字印刷术，这是我们祖宗走在世界前列的发明。靠着这些发明，使得我们放牛、放羊也好，种田也好，到书摊也好，比较能够容易找到书自学了。这个悠久的历史在世界上是独一无二的，因此说我们国家有悠久的勤奋好学的传统，发展到今天我们有了这么大的一支自学的队伍。当然上学校有一定优点，它毕竟为学生提供了一定的有利的学习条件。但是如果搞得不好，也可能变成缺点。我们在大学里经常说，教学生是给他饼干好还是给他猎枪好？这只是个比喻，意思是说我们不能只教给他知识，还要培养他独立解决问题的能力，不然当他碰到与学过的知识没有直接联系的问题时，他就不能解决，好象给他饼干，吃完了就没有办法了。我们给他猎枪，就是给他打下一个基础，让他牢固地掌握基本的方法、观点，这样他就能超出已教过的范围自己去解决某些问题。当然，不能机械地把饼干和猎枪绝然分开或光要一种。在中学里也许饼干多一些，在大学里就得猎枪多一些了，他饿的时候就去打猎，找东西吃。这些猎枪里面，最基本的猎枪，就是自学的方法。可以说，大学的一个很重要的任务，就是教会学生怎么样自学。我们老师可以起个诱导的作用，教给学生掌握这个方法的经验，使学生能较好地掌握这个方法。但若搞得不好，反而可能慢了，就变成抱着走路。

北京航空学院1977年招来了"文化大革命"中只念过初中，甚至只有小学毕业的人进校，他们学得很好，学得很活。其中有的我们选拔为研究生，有的还选出国去了，有的现在正在美国念博士学位。他们经过自学，参加工农业生产也有一些实践的经验，思路上、方法上比较活，比较能够独立思考，这里面不少人比正规的中学毕业上来的学得还好。不仅大学生如此，我们研究生里面也招了很多只念过一年大学、二年大学、三年大学的，他们现在答辩过了，很多人的论文比大学毕业的作的还好。我们今年刚招过研究生，里面也有同等学力的。所以自学的道路是很宽广的，而且有他基本的优点，这里面很关键的一条，就是要勤奋好学，勤学苦练。刚才发言的张大千同志说的是要打好基础，苦练基本功，这一条很要紧。我们经常收到中学毕业或是没毕业的同志写来的信，对飞机或发动机提出新的设计方案。我相信他们是花了不少功夫的，但是由于没有重视应该打的基础，应该练的基本功，而马上去解决专业性的问题，所以常常出错。注意打好基础这一点是很重要的。现在有些青年没有得到正确的指导，把时间过早的花在专业性的问题上面，这样就容易走弯路。你们大家这方面的经验很宝贵，需要广泛地宣传，让其他的青年都来学。基础的东西跟应用常常离开得比较远，一时看不出来它用在什么地方，所以容易被忽视，而在基础方面不下很大的功夫，以后是会返工的。

我们有社会主义的制度，国家给我们创造了很好的条件，有电视大学、业余大学，出版了很多书籍，给我们自学创造了良好的条件。古人虽然有勤奋好学的精神，但他们没有远大目标作为鼓舞的力量，所以成功的只是少数。现在，实现四个现代化的美好前景鼓舞着全国人民，只要很好利用为我们创造的自学条件，相信在不久的将来，你们中间一定可以出现许多为社会主义建设做出出色贡献的人才。

(选自中国科学技术协会研究室、青少年工作部编:《怎样自学成才》,科学普及出版社 1982 年版)

回忆联大航空工程系[①]

西南联大航空系源于清华大学机械系的航空组。1938 年西南联大迁到昆明后,航空工程系于是年暑期后正式成立,同时招收第一届航空系新生。这是空前繁荣的一班,入学时全班有 30 多人,到 1942 年时,共有毕业生 27 人。

航空系第一年系主任是庄前鼎,第二年是冯桂连,第三年由刚回国的王德荣担任,直至抗战结束。航空系的学制和其他各系一样,都是四年制。航空系的教学是这样安排的,一年级是公共基础课:有国文、英文、微积分、普通物理、普通化学、经济学概论等。这些课都在校本部(即新校舍)上,和理学院各系的学生共班;学生也都住在那里。二年级以后,进入工学院,学生也住到拓东路的盐行宿舍(租的是原用来经营盐业的房子)。航空系二年级的课程大部分和机械系二年级的相同,有静动力学(即现在的理论力学)、材料力学、微分方程、机械原理、木工、金工(即金属切削工艺)和测量学。航空系二年级学生还有一门名热机学的课程,是和土木系同学一起上的;课程是机械系专为这两个系的学生开设的。航空系自己开的一门专业课是飞机概论。到了三年级,仍有一些主课是机械系开设,而为航空系和机械系所必修的,如内燃机和机械设计。后来几年,内燃机课由航空系自己开设。电机系又为航空系和土木系的学生开了一门学时不多的电机工程,课本是 Cook 氏著的。在早先的几班,这门课是航空系和机械系三年级一起上,用的课本是

---

① 本文原为沈元、徐华舫、曹传钧、赵震炎共同署名,沈名在前。

沈 元

Dawes 著的。土木系也为机械系、航空系的学生开了一门工程材料学。三年级，航空系自己开的专业课有流体力学（后来叫空气动力学）和飞机结构。这一年暑假中有一个月的下厂实习。实习地点，有时是西郊的第一飞机制造厂，有时是东郊巫家坝飞机场附近的第十飞机修理厂。第一飞机制造厂原是广东陈济棠创办的，陈蒋反目陈失败后，该厂由广东迁到昆明。在抗战中，该厂制造了一些钢管机身、木质翼肋和蒙布的单座军用机。原材料和发动机都购自美国。学生在那里实习，主要是轮流在各工段观察工艺流程，不许直接参加操作。第十飞机修理厂就在飞机场旁，主要任务是翻修飞机发动机和修补破损的蒙皮等。学生在那里实习，当然也只能看，不许动手；但所能看到的飞机型号和发动机型号比在一厂的多，还经常能观看修好的发动机的试车。四年级的课程几乎都是航空专业课，有内燃机Ⅱ（又称航空发动机）、高等飞机结构、应用空气动力学、飞机设计和发动机设计。还有一些选修课（三四年级都可以选），如航空气象学、航空仪表、机械振动学、金相学、金属切削刀具及机床等。

那时实行学分制。最轻的课，每周上一节（50分钟）的，给一个学分。重点课都是三个学分，如英文、静动力学等。实验实习都安排在下午，一次少则一个多小时做完，多则两三个小时做完，一律只给一个学分。原来有基础的实验课程，如材料实验、电机实验、金工实习、木工实习等，都有相当齐全的设备和计测仪器，这些大都是南迁时从清华带出来的。实验课上得很正规，做完实验要写实验报告。报告中要有原始记录数据，要对数据进行整理分析，画出实验曲线来，并对实验中所遇到的问题进行讨论。那时课本参考书大多是英文的，实验报告大多要求用英文写。报告要经辅导教师批改，批阅得非常认真。

航空系有三门实验课：结构、发动机和空气动力学。这三门课分别在巫家坝第十飞机修理厂（结构强度实验）、实验室（发动机课）和昆明北郊五老山麓黑龙潭附近（空气动力实验）进行。

学生的淘汰率很高，还有一些因发现自己的志趣不合而转系的。一年级下来，淘汰率不大。二年级是个刷人的关口，尤其是静动力学和材料力学，这两门课在工学院被认为是学工程的基础，若学不好，下面的功课很难读下去，所以这两门课小考频繁，一般的课只有一次大考，最多期中有一次小考，这两门课则是两周考一次，后来竟每周考一次（每周学时增为四至五个）。有些学生过不了这一关而被淘汰。汪一彪教授讲材料力学时，考分奇紧。即使方法对，答数不对，也是零分。不过最后总分他是给加分的，开方根乘 10 就是他常用的加分公式。三四年级则很少有人被淘汰。修满 142 个学分毕业，但必修课的学分是不能用其他选修课的学分代替的。体育就是一门不能替代的课。一、二、三年级都有体育课，这个关是马约翰教授把住的。

联大学生是很活跃的。工学院虽然功课重些，但同学们在课余和假日仍是很会玩的。航空系的学生也一样会玩，而且往往是积极分子。当时工学院学生组织了一个"铁马体育会"，发起人中就有好几个航空系的学生：黄克累、刘绍文、沈元寿、方同。"铁马"中运动人才济济，有好几种球队，经常举行比赛。假日常去的地方是离校十公里的海埂和西山。出小西门有民船可乘到西山脚下的海埂。那是滇池边上水中的一条天然沙堤，是个游泳的好去处。不知谁在那里造下了三间高脚（地板离地）平房，既无门，也无窗，也没有主人。学生们夏日去了，往往住上两天。海埂往西不远便是四山龙门脚下。从山脚爬上去探龙门，还得登 2000 多级石级。再有一个游泳的好地方是阳宗海。那是昆明以南几十公里处的一个山间湖泊，面积很大，当地人称之为海。暑假里常有学生成群结队地搭乘火车（窄轨）沿滇越铁路到鹅塘镇下车，住在鹅塘镇上，下海极近。此外，小西门外的大观楼是学生们常去的地方。100 多公里外的名胜石林也总是要组织去观光一次的。

北大、清华、南开学生有"五四"和"一二·九"的传统。联大工学院的学生也继承了这个传统。工学院学生先后办过几份壁报。一份名《引擎》，另一份名《熔炉》，分别发表不同观点的文章。前者在皖南事变后停办。两个壁报里面都有航空系的学生。工学院有个学生自治会,在抗战后期的争民主运动中。工学院是以全体学生会的名义参加运动的,"一二一"运动时,负责工学院学生会的三位常务理事都是航空系的学生。

联大校歌中有这样一句:"千秋耻,终当雪,中兴业,须人杰。"联大航空系和其他几个大学共同教育了新中国航空、航天工程建设方面的大批人材,同时它还培养出了许多在国内外知名的学者、教授、工程师。如沈元(北航院长)、屠守锷(航天部一院院长,近获国际宇航学会的航天器结构设计奖)、卞学鐄(麻省理工学院结构力学教授、有限元法的带头人)、林骅(美国波音公司航空航天分公司首席科学家)等人。

(选自西南联合大学北京校友会编:《茹吹弦诵情弥切——国立西南联合大学五十周年纪念文集》,中国文史出版社 1988 年版)

加强基础　开发智力　改进管理
加速传统工业的技术改造[①]

传统工业(或称老工业)的含义说法不一。有人按行业划分,把冶金、机械、纺织算作老工业,电子工业算作新兴工业;有人则按产品划分,把蒸汽发动机、钢铁、通用机械、锅炉等作为老工业,计算机、新材料、新能源、航空航天等划作新兴产业;也有人按加工方法来分,把常规的机械加工和化工方法生产叫老工业,用新型加工方法如数控加工、激光加工等称为新工业。但不管怎样划分,依靠传统工业,加速传统工业的技术改造,挖掘潜力,则是实现翻两番的关键,这既是一个长远的战略问题,也是刻不容缓的当务之急。

传统工业当前一个很大的问题是技术基础薄弱,新产品上不去,性能过

---

① 本文原为沈元、陈良猷共同署名,沈名在前。

不了关，质量不稳定，品种规格不齐全、不配套。一句话，传统工业基础不扎实。要使传统工业更好地适应现代化建设的需要，就必须用新兴技术加以武装和改造。传统的流水生产线可以大量地生产出单一品种、价廉和合格的产品，但是，随着经济的发展和科学技术的进步，多品种、小批量、改型快、生产和研制周期短已成为生产发展的重要趋势。据美国金属加工工业统计，75%的产品批量在50件以下，因此，单一品种的专用加工线已无法适应市场多变的要求。而成组技术，计算机辅助设计（CAD）、计算机辅助制造（CAM）、计算机管理信息系统（MIS）和兼备高效率、高度适应性的柔性制造系统则能较好地满足这种要求。柔性制造系统是一种在中心计算机控制下，将成组技术、自动运输（含机器人）、数控加工和计算机管理各环节合于一体，富有弹性的多品种生产系统。这种制造系统需要用新兴技术来装备，投资较多，宜先在一些关键工业企业（如航天航空工业）中推行，能起到试点和示范的作用。对一般成批制造企业，可以推广成组技术，可用微处理机改造和武装部分原有设备，增添一些数控机床，这样投资不多，便可以在提高和稳定产品质量、加速新产品的发展和降低成本上收到很大的效益。与此同时，要十分注意将新技术用于节能改造和环境污染的控制与治理。

我们不仅要看到目前不少企业存在着的产品老化、技术老化和设备老化问题的严重性，更要注意到知识老化和人才结构的老化问题。技术改造中，知识与人才的不适应日益突出，将成为缩小与其他先进国家之间差距的主要矛盾。加强智力投资，开发人才，对改造传统工业是有战略意义的，要把知识更新、在职教育、改变人才结构提高到新兴工业的重要地位上来考虑。在面临新技术革命的挑战中，教育是开发智力的主要形式，是企业赖以进步和发展的重要因素，加之智力投资的效果是有滞后性，所以，要先于技术改造及早抓、提前抓。

必须加强传统工业技术改造的管理工作。首先，要抓好总体规划，研究和制定技术改造的方针和政策，突出重点，加强资金、人力、物资、能源的协调、平衡，注意改造项目之间的配套，充分发挥国外引进新技术的作用，用最少的投资取得最大的效益。其次，要把技术改造和企业整顿、工业改组、体制改革结合起来，不能顾此失彼。第三，要加强分析论证咨询工作，严格审查。提倡听取多学科专家和实际工作者的意见，鼓励多种方案，多个机构的反复论证，避免单纯追求增加生产能力，防止盲目扩建和铺新摊子、上新项目的倾向，使传统工业的技术改造更加科学化、合理化。

（原载于《中国经贸导刊》，1984年第13期）

李海松、涂怀京编撰

项　南

【题解】

　　项南（1918—1997），原名项德崇，福建连城人，出身于农民家庭。早年随父亲项与年从事闽浙赣边区革命根据地开辟工作。1938年加入中国共产党。抗战全面爆发后，为抗日救国几经辗转，于1941年春到达盐城新四军军部，1941年9月出任建阳县政府首任财经科科长，为创建抗日新政权、开展敌后根据地的财政建设、打破日伪经济封锁做出重大贡献。新中国成立后，先后任安徽省青年团书记、华东局青年团书记、团中央书记、中共福建省委第一书记、省军区第一政委。中国共产党第九届、十届、十一届、十二届中央委员会委员，中共中央顾问委员会委员。1997年11月10日病逝于北京。项南在半个多世纪的革命生涯中，忠诚于党和人民的事业，一生坚持真理，为人坦率正直，光明磊落，清正廉洁，以身作则，生活节俭朴素，不搞特殊化，严格要求子女和亲属，处处表现出一名共产党员的高风亮节和道德风范，始终保持着人民公仆的本色，给我们留下了宝贵的精神财富。在教育理念方面，项南强调"以智取胜"，认为教育和科学是现代化建设的战略重点，主张加大教育投入，提升教育质量，特别是高等教育质量，以培养有理想、有道德、有文化、守纪律的新一代青年。同时，他强调科技进步的重要性，认为只有通过科技进步和智力开发，才能实现经济和社会的高速度发展。项南著有《福建纪事》。

《我把福建情况告诉你们》是项南在厦门大学师生大会上的讲话，他强调了三个重要传统：光荣革命的传统、艰苦朴素的传统和刻苦学习的传统，鼓励师生们继续传承和发扬。他回顾了厦门大学的辉煌历史，特别提到了陈嘉庚先生的爱国精神和革命精神，呼吁师生们学习陈嘉庚的高尚品质。在谈到福建的发展情况时，项南重点介绍了去年福建在落实农业生产责任制、平反冤假错案和开展对外经济活动方面取得的成绩，并展望了今年在打击经济犯罪、总结对外经济经验、机构改革和精神文明建设等方面的计划。对于教育问题，项南指出"小学教育一定要普及""中学的教育结构要改革""高等院校布局不合理、门类不齐全的问题要解决"，旨在将福建教育汇入全国性教育改革的潮流，培养有理想、有道德、有文化、守纪律的新一代青年，并直言"职工教育、业余教育，这里有很多文章要做"。讲话结束时，项南还鼓励青年学生们要具有共产主义理想，敢于到艰苦的地方去锻炼自己，为国家的发展做出贡献。整篇讲话充满了对青年学生的殷切期望和对福建未来发展的信心。

《做一件切实的工作》这篇讲话反映了项南的深刻洞见。讲话中指出福建的经济发展面对历史的包袱和现实的挑战，没有选择跟随他人的脚步，而是决定依托自身的特色，走出一条以知识和技术为驱动的发展道路。这不仅是对福建传统教育、人文优势的继承和发扬，更是对未来发展方向的精准把握。在全球信息革命浪潮中，福建要抢占先机，就必须在教育领域下足功夫。特别是小学教育，作为培养未来人才的基础，其重要性不言而喻。项南提出的动员优秀青年和团员加入小学教师队伍的号召，不仅有利于优化教育资源的配置，更是对全社会教育观念的引领。这一举措旨在打造一支高素质的小学教师队伍，为福建的孩子们提供更加优质的教育，为福建的未来发展奠定坚实的基础。通过这样的努力，福建的教育面貌将在不久的将来迎来根本性的改观，为福建的经济腾飞和社会进步注入强大的动力。

《把科学和教育作为一个战略重点》是项南在福建省科技、高教工作会议上的讲话。讲话揭示了科学和教育作为战略重点的重要性，强调科学技术是现代化建设的核心驱动力，而教育是科学技术发展的基石。福建要实现四个现代化，必须加大科技和教育投入，提升全民教育水平，特别是高等教育质量。这不仅需要政府层面的重视和投入，也需要社会各界的共同努力。项南特别指出，陈埭公社的经济发展虽然令人瞩目，但忽视教育将严重制约其未来的竞争力。通过对比国内外高等教育数据，他揭示了我国教育事业在数量和质量上的巨大差距，强调必须抓住教育这个战略重点，为福建的四化建设提供坚实的人才保障。

《论以智取胜》是项南在福建省委三届九次全委会上的讲话，揭示了"以智取胜"策略在福建经济发展中的核心地位。他强调，在当前社会条件下，发展经济和社会不再单纯依赖物质资源的投入，而是要通过科技进步和智力开发来实现高速度发展。福建作为工业基础薄弱的地区，要实现跳跃式发展，必须紧抓科技进步和人才培养两大战略重点，通过引进、消化、吸收和创新先进技术，同时加强教育和人才培养，以尽快缩小福建与发达地区的差距，实现经济腾飞。项南还指出，科技和教育的发展不仅是经济发展的关键，也是国家长期繁荣稳定的基石。因此，各级领导必须提高认识，将科技和教育置于重要议事日程，大力选拔和培养科技人才，形成科技领域的强大优势。同时，要尊重知识和人才，激发知识分子的创造力和积极性，为福建乃至全国的现代化建设提供强大的智力支持。

我把福建情况告诉你们[①]

（1982年6月5日）

我是很高兴和青年朋友谈谈心的，因为我也曾经是个青年。不知道怎么

---

① 这是项南同志在厦门大学师生大会上的讲话，内容有删减。

项 南

搞的，不知不觉人就变成这个样子了！（笑声）但是，我向着青年的心没有变！

要讲些什么呢？到底起个什么题目好？这使我联想起古代有些诗人，大概也是找不到题目，有的诗就叫"无题"。我今天想跟同学们谈谈心，讲点看法和感想，就叫"无题有感"吧，就谈点福建情况吧。如果有什么问题，同志们可以递条子，我来回答。

一、继承和发扬三个好传统

厦门大学是一所具有革命传统的大学，是国内一所著名的大学，是一所在东南亚、在海外很有影响的大学。厦门大学为祖国培养了一批又一批的人才。

每当我们讲起厦门大学的时候，就自然而然地会想起爱国老人、厦门大学的创始人陈嘉庚先生。现在有些青年对党、对祖国、对社会主义事业产生这种那种的看法，有的甚至产生怀疑。在这个时候，我们怀念陈嘉庚先生，就更有深远的意义。我记得，为了缅怀陈嘉庚先生的光辉业绩，曾经拍了一部纪录影片，叫做《南侨之光》。这部影片我看了，很受感动。那里边记载着陈嘉庚先生整个战斗的一生：他怎样在一个贫穷落后的旧中国，为了能够生存下去，离开了他自己生长的土地，到了南洋；然后在南洋怎样经营他的橡胶园，赚了一点钱，就回来办集美学校，办厦门大学；影片一直讲到他的逝世，周总理、朱总司令参加了他的追悼会，廖承志同志护送他的遗体到他的故乡集美。这部影片就是写了这么一些生动的情景。我现在常常拿这部电影里的一些镜头，跟一些青年人，跟我们的一些干部讲：你们看看那电影里面，陈嘉庚先生睡觉用的那顶帐子，破旧得那个程度，他的床头放的那几个箱子，破旧得那个程度。我们在座的所有的同学、所有的老师、所有的干部，有谁的帐子破旧得那么厉害？有谁的箱子破旧得那么厉害？反正我的家里就没有这样的帐子，但我决不因为自己家里没有比他破旧的帐子，而感到光荣，倒是感到惭愧！

谁都知道，陈嘉庚有万贯家财。他这些钱财拿来干什么呢？他不是为了自己，不是为了自己享受，而是为了祖国，为了人民，为了后代，为了教育事业。他深深感到，中国之所以落后，其中很重要的一个原因，就是因为我们教育落后。我建议，你们学校再穷，也应该花钱买这个拷贝。每一个学生入学的时候，应该看一次《南侨之光》。你们赞成不赞成？（鼓掌）

厦门大学很早就受过革命的熏陶。鲁迅在这里战斗过，许多革命前辈在这里战斗过。也曾经产生过很多很杰出的革命者。他们为了祖国，为了人民的事业，流尽了最后一滴血。这两天，曾任我们福建省委第一任书记的罗明同志，到厦门来了。他也曾经在厦大战斗过，现在已经是八十多岁的老人了。在那个时候，罗明被说成是"右倾机会主义分子"，事实证明，罗明同志当时的主张是正确的，把他开除党籍将近五十年是错误的，现在给他恢复了。还有陶铸同志，现在中央组织部的曾志同志，以及其他同志，厦门大学都留下了他们斗争的足迹。厦门大学确实是一所具有光荣革命传统的大学。

前天，我们国家新闻界的老前辈，过去《文汇报》的主编徐铸成老先生，他亲自对我说，他到厦门大学来，一个很深刻的印象是：这是一所很好的学府。我问他好在哪里？他说：傍晚了，还有很多同学拿着书，蹲在树底下、坐在海边上温习功课；教室里每天晚上灯火通明。他很称赞这里同学们那种朴实无华、认真读书的好风气。

厦门大学在学术上也是很有成就的，现在中国科学院三百多个学部委员当中，你们厦大就有三位。厦大的校友就有九位。这证明，厦门大学历来就有一种刻苦学习的好传统，因此，他理所当然地在全国，在东南亚，在整个海外，都有比较深的影响。

希望厦门大学的同学，能够爱护自己学校 61 年来所形成的来之不易的三个好传统，好学风。这就是光荣革命的传统，艰苦朴素的传统，刻苦学习的传统。这算是我今天讲话的"开场白"。

二、福建去年干了哪些事？

下面，我想用谈心的方式，把福建的情况告诉你们。厦大的同学们毕业以后,并不仅仅是在福建工作,你们要分配到全国各地去,但是,恐怕相当多的一部分还是留在本省工作。即使你们到其他省市工作,听听福建的情况,也是应该的。因为你现在是吃福建人民的饭,对很多同学来说,福建还是自己的故乡嘛!

话还得从去年说起。我们福建人民,福建的党,去年究竟做了些什么事?我想,做过的事情是很多的,如果一样样讲下来,那么今天中午你们甭想吃饭了。我想主要讲三件事。第一件,是落实各种形式的农业生产责任制;第二件,是平反冤假错案;第三件,是开展对外经济活动。

……

三、今年要干什么?

今年打算干四件事:一是打击经济领域中严重犯罪活动;二是总结对外经济活动的经验;三是做好机构改革的准备工作;四是抓精神文明的建设。这四件事情都是为了四化建设的顺利进行,也是坚持实行特殊政策、灵活措施的保证。

……

四、回答几个问题

下面把大家提的问题讲一讲。同志们提的条子很多,反映的问题不少。都要回答,很难。要回答得使你们满意,更难。还是不分先后,随便谈吧。如果有遗漏,请不要见怪。

大家提出的问题,有关教育、科研、人才方面的问题较多,我就先谈一谈关于教育方面的想法。这不是正式意见,咱们是研究问题。

在精神文明建设方面,有一个很重要的任务,就是对教育要进行改革。怎么改革?我个人初步设想是这样的:

首先,小学教育一定要普及,不要在我们这一代手里又产生新的文盲。这个事情很大,做起来也很不容易。

第二,中学的教育结构要改革。现在的中学,好像只是为了让学生升大学，这实在是一个莫大的误解。福建一年里能够接受高中生升上大学的有多大比例呢？十分之一还不到。就全国来讲，高中毕业的学生进大学的是4％，福建大约是6％。大部分的高中毕业生干什么呢？要就业劳动。我们不得不重新对他们进行职业训练，或者没有经过职业训练就匆匆忙忙地安排就业，结果把机器也搞坏了，把事情也办坏了。这说明现在的职业教育、职业学校的比重太少了，普通高中太多了，多数高中应当改为职业学校。

第三，高等院校布局不合理、门类不齐全的问题要解决。高等院校的基础知识太差，专业分得太细，这是一个弊病；科研与教学脱节，又是一个弊病。在高等教育里面，我们能不能做到有一个基础比较好的大学，来带动周围的学校；基础课就是由这个比较好的大学来负担。教学、科研和推广应用三者能不能结合起来。比如说，福建省的科研机构，除了少数应该独立存在之外，多数的科研机构，一部分并入高等院校，作为高等院校的科研机构；一部分并到工厂、医院里去。能不能提出这样一种设想？有无必要让一百多个科研机构孤孤零零地在那里自生自灭？有的科研机构房子没有，设备没有，人才也很少。就是很少的科研人员，也是分散在好多个地方。如果把他们集中在一个学校，不是形成一个拳头了吗？这样做对教学对科研都有好处。还有财经、政法、管理、文史哲，现在还是缺门，应该补上。

第四，职工教育、业余教育，这里有很多文章要做。我到福建一年多，感觉到我们遇到的各种各样困难，我们都有信心加以克服；但有一个比较大的困难不容易克服，这就是人才。这方面我们存在许多毛病：或者是有真才实学的人，我们没有发现；或者发现了以后没有加以重用。在我们的工厂里头，学校里头，党政机关里头，究竟有为之人占多少，无能之辈占多少，昏庸之徒占多少，不大清楚。这种现象不能再继续下去了。这个问题不解决，福建整个工作是没有希望的。但是只解决这个问题还不够，在人才问题上还必须有强大的后备力量。这就不能不想到我们今天在座的同学们。归根到底，我们的四化建设靠谁来实现呢？主要还是靠我们今天在座的同学们来实现。

当然，老头子们也希望自己能多活几年，多干点事，但这不能以自己的意志为转移。

我们现在一个紧迫的任务，是要大胆提拔年富力强的人来接班，这是一方面；另一方面是要加紧培养新的一代，把我们的青年塑造成有理想、有道德、有文化、守纪律的一代新人。

首先就应该有理想。现在一部分青年和一部分学生当中，他们经常考虑的东西，不是说怎样把自己的祖国和党的事业，把福建省的建设搞好，而是过多地考虑个人的问题，比如分配到什么地方对自己、对家庭有利，更方便。我劝大家不要这样，还是党指到哪里，就在哪里战斗。还是要到农村去，到边疆去，到艰苦的地方去。福建山区很多人不愿去，这不好。

一个现代青年，家乡观念、家庭观念太强，不好。应该四海为家。福建人爱分谁是哪里人，这没多大意思，也分不清楚。政府也没有这方面的规定。那么，出生在哪里，就算哪里人吧。有的爸爸是山西人，南下以后和福建人结了婚，生出一个孩子，你说他算什么地方人，你说他是山西人还是福建人，你看他眼睛像爸爸，鼻子像妈妈，看他的嘴巴呢，又像爸来又像妈。你说他是哪里人，就算福建人吧！国家将来是要制定一个籍贯法的，恐怕哪里出生的，就算哪里人，再一个是看你在一个地方时间的长短，这样子可以打破封建的地域观念，有很大好处。我的祖籍是福建，我的老伴是浙江，我们的孩子是在上海出生的。他要填表，每次都问我填什么籍贯。你说填什么好？是填浙江呢，还是填福建，还是填上海？你们把这个时间花在四化上不好吗？花在是哪里人上有什么意思呢？

我们应该有理想，而这种理想就是实现共产主义。实现共产主义事业，尽管会遇到这样或那样的困难，受到这样或那样的挫折，但终究是要实现的。为共产主义奋斗终生是根本的，其他都是次要的，分配到什么地方工作，我是哪里人，哪个地方生活好一点，这都是次要的，你真正是有共产主义理想的人，倒是应该哪里艰苦到哪里去。

有理想的人，也是个有道德的人。我们还是要提倡先人后己，提倡公而忘私，提倡把方便让给别人，把困难留给自己。我们鄙视资本主义那种惟利是图、损人利己的哲学，中国青年应当彻底同这种实用主义决裂。

我们要继承人类所有的文化遗产，恪守社会公德，做到既有民主，又有纪律，既严肃，又活泼。青年应当有自己的特点和性格，应当有自己的爱好和友谊，正当的东西，谁也无权干涉。像跳舞一类的爱好，不能说不对，看你怎样对待它。

现在学生的生活是比较艰苦的，也是暂时的，随着整个国民经济的好转，情况是会改变的。在目前情况下，难道我们不应该为国家分担一些困难吗？

从郑成功到林则徐，从陈嘉庚到张鼎丞，整个福建的历史，都是一部战胜艰难困苦的历史，也是一部振奋人心的历史。他们没有把财产据为己有，更没有把知识据为己有；他们不是想到自己，而是首先想到别人，不是沉溺于自己家庭的小圈子，而是飞向四方，飞向海洋，飞向世界，同人民患难与共，休戚相关，生死相连。难道今天的福建青年不能飞向山区，飞到三明，飞到建阳，飞到武夷山，飞到长汀，飞到连城，飞到永定，飞到比较贫穷的山区吗？

我不知道你们提出的问题都作了回答没有，反正不能都回答。我们以后还有机会见面，还可以谈心嘛。今天就谈到这里吧！（热烈鼓掌）

做一件切实的工作[①]

（1984 年 1 月 16 日）

福建经济要起飞，从现在起到 2000 年的 17 年中，路子怎么走，这是省委经常考虑的一个问题。历史经验告诉我们，走外国人的路子行不通，照抄

[①] 这是项南同志在共青团福建省第七次代表大会闭幕式上的讲话。

项　南

照搬其他省的办法恐怕也不行。福建只能根据本身的特点，走自己的路。

同志们都知道，福建面对台、澎、金、马，建国以来，军事"前线"的帽子戴了近三十年。"前线"的特殊地位使我们这里几乎没有搞什么重点建设项目。不像东三省，有鞍钢、长春第一汽车制造厂那样大型的工业企业；不像京、津、沪、穗等大城市，有许多新兴工业；也不像三线，有很多重要的军工厂。这就造成了福建工业先天不足，大大落后于兄弟省，财政收入增长缓慢，出现了被动局面。现在要重新搞重工业，不仅财力有困难，时间也不允许。所以，先发展重工业，再搞轻工业这条路，看来在我们福建是不能走了。要走另一条路。就是从发展劳动密集型的生产尽快地转到发展知识密集型和技术密集型的产业上去。变靠人多、靠力气为靠智力和技能，这就是说要加紧智力开发，造成一大批四化建设的合格人才，以智取胜。

福建有出人才的历史。从南宋以来，出过许多出类拔萃的人物。封建时代出了李纲、蔡襄、李贽、郑成功、林则徐，那个影响很大的大理学家朱熹，他既不是安徽人，也不是江西人，而是福建尤溪人。这是朱熹自己说的，我们省的图书馆里有朱熹的家谱可查。到了辛亥革命时期，出了严复、林纾、林觉民、方声洞、陈嘉庚；民主革命和社会主义革命阶段，又出了邓子恢、张鼎丞。在文化科学方面，更是群星灿烂。文史专家郑振铎，散文家谢冰心，科学家和科普作家高士其，半导体权威林兰英，著名妇科医生林巧稚，核物理学家张文裕，数学家陈景润都是福建人。中国科学院院长卢嘉锡，出生在台湾，念书在厦门；数学家苏步青告诉我，他的老家是从厦门搬到浙江去的。还有已故的中国科学院院长郭沫若，他在自己的一本自传里，说他的祖籍是福建宁化人。上面提到的只是很少的一部分。我讲这些的意思是说福建不论过去，还是现在，都是出人才的地方。这是一个特点，也是一个优点。我们应该有充分的信心和决心，在新的历史时期里把它发扬光大。

现在的时代跟过去不一样。我们必须清醒地看到，加紧智力开发，培养人才，这是社会化大生产向我们提出的客观要求。目前，世界上以信息工业为主的新兴产业正在兴起。国际科技、经济界有人说，这是"世界第四次工业革命"，是"第三次浪潮"，是"信息革命的时代"。新的产业革命的兴起，突出地说明了智力和掌握知识的重要性和紧迫性，对我们福建的经济发展，也无疑是提出了一个严峻的挑战。我们要适应"新的产业革命"的需要，就必须刻不容缓地、扎扎实实地抓教育。要抓初等教育、中等教育和高等教育，还要抓职业教育、业余教育，以及其他各种多样形式的教育。而抓小学教育是最基础的工作。可是，我省的小学教育很不理想，主要是教师的质量不高。我们全省小学教师14万，合格的、基本合格的合起来占百分之几？教育厅讲受过专业训练的大概只有4万人。我讲的合格不合格是一个综合各方面因素在内的标准，不仅仅指的是不是受过专业训练，有没有文凭。一个合格的小学教师除受到专业训练、具有应有的素质以外，还有其他几个方面的条件，比如思想行为上是否符合为人师表的要求。用这个标准来衡量，我省小学教师合格的有多少？钱伟长教授讲全国是30%，我们的情况比全国怎么样，我们的教育厅对自己队伍的状况应该有一个基本估计。军事科学上有一句名言，叫做"知彼知己，百战不殆"。不合格的教师是教不出合格的学生的。对这些不合格的教师，一个办法是脱产学习，再一个办法是调整做其他工作，让合格的人进来。所以，我向你们提出一个号召，就是动员大批优秀的青年和团员去当小学教师，大大充实小学教师队伍，提高小学教育质量。要在社会上造成一种当小学教师光荣的良好风气，大家都愿意去当小学教师。你们团县委、团地委都应当经常到小学里走一走，看一看，了解那里的情况，帮助他们解决实际问题。要大声疾呼，讲一次人家可能不大理你，你们要一而再，再而三，坚持不懈地帮助党和政府把小学教师队伍建设好，把小学的基础教育搞上去。力争在三五年内，使福建的小学教育面貌有一个根本的改观。

项　南

把科学和教育作为一个战略重点①

(1984年1月24日)

党的十二大确定了到本世纪末的战略目标,实现这个目标,要抓住三个战略重点,一个是农业,一个是能源交通,再一个是科学和教育。

为什么把科学和教育作为一个战略重点呢?因为实现四个现代化关键是科学技术的现代化。但是,我们许多同志直到现在还没真正认识到这一点,没有把科学和教育摆进党委的议事日程。这一点省委也有责任,我们在这方面花的时间和力量也很不够。省委在今年将进一步推动两个转变,一个是继续把我们党的工作重点转到经济建设上来,再一个是把经济工作的重点转到以提高经济效益为中心的轨道上来。

经济工作怎样才能抓上去?怎样才能够转到以提高经济效益为中心的轨道上来?这里面就有一个科学技术问题。而科学技术又必须建筑在教育这个坚实的基础上。我们的经济振兴要走以内涵为主的扩大再生产的路子,通过提高管理水平,更新技术设备,调整生产结构和产品结构来提高生产能力。对原有的企业要进行改造,加强管理。这个改造,其中很重要的就是技术改造。

农业也是如此,也要走以内涵为主扩大再生产的路子。福建还能再扩大多少耕地呢?我看不大可能。如果我们能够把乱占耕地盖房子这股歪风刹住,把水土流失控制住,使耕地不减少,就不错了。我们也不能把滩涂都围起来,围海造田。过去围海造田,花了很大力气,但因没有淡水,只好撂在那里。一亩滩涂生产的水产品,其价值要比生产的粮食高得多,真可谓一本万利。你去围它干什么?所以说,农业主要不是靠扩大耕地,主要靠推广良种、改造中低产

---

① 这是项南在福建省科技、高教工作会议上的讲话。

田、制止水土流失、防止病虫害等办法。如果我们现有耕地的亩产都能从1000斤提高到2000斤（有些县已经达到）的水平，福建的面貌就改变了。

上面讲的是小农业，如果从广义农业即大农业来讲，包括林业、牧业、渔业等等就更是如此了。

科学技术实际上是一个什么问题呢？就是我们民族、人民怎么知识化的问题，也就是提高教育水平的问题。所以在强调科学技术重要性的同时，不要忘了教育工作的重要性，不仅是高等教育，从小学教育、幼儿教育开始就应该注意。去年在陈埭公社开了个现场会，看了他们的生产情况，我深受感动。多少年来我所希望、所想象的人人都有工作做的景象，在陈埭公社看到了。他们不要国家投资，群众自己集资，办了三百多个工厂，产品有一千多种，工副业一年产值达三千多万元。但是，我也看到一个使人非常担心的问题，这个公社相当多的小孩子不念书，都去做工赚钱。我跟县、社领导说，这样下去口袋里的钱是多了，但脑袋里的知识却少了。未来社会是一个信息社会、智力竞赛的社会，别看你现在不错，若干年后，你陈埭就要打败仗，而且要打大败仗。

今天在这里开的是高等教育会议。高等教育跟中等教育、初等教育是分不开的。高等教育搞得再好，小学、中学基础没打好，还是上不去。前年，省委开了全会，讨论教育问题，会后，很多党委对教育比较重视了。明溪县委把盖县委机关干部宿舍的钱拿出来盖小学，办中学，这种精神好。最近我又听说建瓯县委在短短一年的时间里，通过各种渠道筹集592万元，兴建中、小学校舍达83 800平方米；一些大队还把新建的大队部、礼堂交给学校使用，出现了社社队队办教育，干部群众齐动手的局面。

我手头有个1975年的统计数字，讲的是某些国家1万人里面有多少个大学生：美国是524个，苏联是191个，日本是205个，英国是126个。我们只有8个。直到1982年才达到11个。这是从数量上比，质量上就更不好比了。美国在校的大学生中，研究生有126万人。在一些有名的大学里，研究生和本科生

项　南

的比例几乎一比一。如加州理工学院的学生是 8100 人，其中研究生 3600 人。哈佛大学有 15 500 名学生，其中本科生是 6000 人，研究生 9500 人。由此可见他们高等学校的学生质量之高。相比之下，我们的教育事业差距太大了。

教育这个重点如果抓不住，科学技术就上不去，要实现胡耀邦同志提出的"希望福建走在四化建设的前头"的要求就没有希望。

论以智取胜[①]

（1984 年 8 月）

过去谈论以智取胜，一般是指用兵之道，如何能做到以少胜多，以弱胜强。这里说的以智取胜，是指在今天的社会条件下，如何制定正确的发展战略，如何依靠科学技术的进步，以取得经济和社会的高速度发展。

福建最近几年的实践充分证明：增加一些基础设施和基础工业是必要的，但我们不能再单纯依靠增加投资、建设新厂、多用劳动力这种以外延为主的传统模式来搞建设，而要靠以内涵为主的技术进步来赢得发展；不能只靠拼财力、拼体力、拼设备来追求速度，而是要靠开发智力资源，用知识的力量来赢得胜利。

增加智力投资，大力发展教育，加快培养人才，争取技术进步，建设精神文明，是我们今天的制胜之道。

智力开发，是要受社会和经济条件制约的。但正因为我国经济基础比较差，财政底子比较薄，才迫使我们不得不作出最佳的决策，做到少投入，多产出，高效益。智力投资是经济效益最高的投资。对办工厂，不惜耗费巨资；对办学校，连小钱都不肯花，这是不高明的决策。掌握自然科学知识和社会

---

① 这是项南在福建省委三届九次全委会上的讲话，原载于《人民日报》，1984 年 11 月 26 日。

科学知识,是力量的源泉,是最大的财富。世界上有很好依靠智力创造财力的例子。日本国人口密度大,国内资源很缺乏,但由于他们重视教育,用智力资源去吸引别人的财力资源,然后又从吸收他人的先进技术逐渐转到创造自己独特的技术,终于使日本成为当今世界上技术先进的经济大国。联邦德国、瑞士、瑞典等国,也都是强调以智取胜的。由此可见,谁掌握先进科学技术和人才,谁就能遥遥领先,谁就可以使国家很快富强起来。经济竞争,说到底是智力竞争,人才竞争。未来的发展趋势更是如此。

对于未来社会的发展趋势,理论界给我们提供了这样一个信息:在本世纪末和下世纪初,已经和将要突破的新技术,将给社会的生产力带来新的飞跃,并相应地带来社会生活新的变化。这就是当前人们正在热烈议论和密切关注的新的世界技术革命。它对我国社会主义现代化建设来说,既是一个机会,也是一个挑战。为了迎接这一新的挑战,抓住这个机会,我们更应该强调以智取胜。今后发展自动控制、生物工程、光导纤维和新材料、新能源,不依靠掌握先进技术的知识分子,这些产业是发展不起来的;即使是工人,也主要不是靠体力劳动了,而要靠知识,靠智力。在信息社会里,离开科学技术的进步,我们的经济是难以起飞的;即使起飞了,也是没有后劲的。

以智取胜,这对福建的经济发展尤为重要。由于历史的原因,福建的工业基础薄弱,整个国民经济的发展远远落在全国之后。福建要在这样落后的起点上走在全国四化建设的前头,面临三种速度和三种选择。一种是腾飞式。如飞鸟展翅高飞,迅速前进,这当然很好,但由于我们基础太差,要马上飞起来,提出什么"赶超"之类的口号,是不现实的。一种是慢步式。如老牛拉破车,慢吞吞地、循规蹈矩地前进,片面地理解"自力更生",对国外先进技术采取一概排斥的态度,自甘落后,这当然是不可取的。第三种是跳跃式。尽可能利用世界新技术革命成果来促进本国的现代化建设,跳过别人已经走过的某些阶段,从高点开始,争取时间,缩短差距。采取这种速度,这种战略,是可能的,也是必须争取到的。

项 南

要实现跳跃式地前进，就必须坚持对外开放、要以智取胜，要造就宏大的科技队伍，培养一大批懂科学、善经营、会管理的企业家和具有各种专长的优秀人才，同时又要大胆地、不失时机地把国外的先进技术引进来，使我们的经济建设能够从现有科学技术成就的基础上开始，从而缩短由劳动密集向技术密集、知识密集过渡的时间。我们不惜以巨资引进美国柯达感光技术，就可以使我国的感光材料工业一下子赶上了80年代水平。我们发展彩色电视机，并不是从电子元件开始，而是先引进国外先进的技术，从组装开始，先占领市场，然后再来发展重要配件。由于微电子技术的发展，使传统的产业带来了质的变革。因此，发展钢铁、汽车、石油化工，也不一定要从头搞起，搞钢铁可以不从开矿、修铁路、建高炉开始，而是从拆船、轧材突破；搞石油化工，可以不从钻探炼油开始，而从后部加工搞起，这样可以更快地积累资金，积累经验。如果一切都从零开始，亦步亦趋地跟在人家后面，不知道哪一年才能赶上国外的先进水平。

由于10年动乱和长期"左"的干扰，我们已经丧失了许多宝贵的时间。现在必须打开门户，把世界的先进东西拿过来，在现有的基础上跳跃式地前进。只拿来不消化，我们还是不能前进，"高点"又会很快变成"低点"。所以，对于世界上先进的科学技术，既要抓紧引进，又要狠抓消化。把引进、吸收、消化、创新这一系列工作搞好。我们应当学会这种本领，以便跳跃式地前进。而要跳跃式地前进，又必须把教育和科学牢牢地掌握在自己的手里，把教育和科学作为重要发展战略问题来抓。

社会主义最根本的任务是发展社会生产力，科学技术是实现四个现代化的关键。这个道理正在被越来越多的同志所认识。这几年，我们各级党委和政府在抓经济工作中，开始重视发挥科学技术和人才的作用，做了不少富有成效的工作。福建省原来电子工业比较落后，产值居全国第16位。经过几年来的发展，现在全省已能生产13个门类550多种产品，1983年已跃居全国第8位，主要就是靠科学技术进步和引进先进技术。福建人均7分地，1975年至 1982 年能够增产粮食 50 亿斤,其中有一半是靠的培育、推广几个杂交水稻良种。但是,总的来说,对教育和科学的认识问题,还远远没有解决。还有相当部分领导干部视科学技术为"软任务"或"远水不解近渴",脑子里没有科学技术的位置。少数同志甚至对科学技术仍抱有种种偏见。轻视知识,轻视知识分子的错误倾向还没有从根本上纠正过来。

当前,首要的任务是解决思想认识问题,真正解决正确对待知识和知识分子这个特别重要的问题,真正认识到科学技术现代化是四化的关键。大家都来"面向现代化,面向世界,面向未来",都来重视知识,重视科技,重视人才。各级领导都必须把发展科学技术真正作为全局性的工作,摆到自己的重要议事日程上,紧紧抓住不放,切切实实地加强领导。对我们各级领导同志来说,虽然目前要做的事情很多,但有一项任务是决不可掉以轻心的,就是要努力学习现代科学技术知识,学习现代经济的管理知识,掌握科技工作的特点和规律,提高自己的基本素质。要取得科技工作的领导权,还要经常了解和跟踪世界科学技术的新动向,不断扩大视野,做科技工作的知情者,做知识分子的贴心人。

另一个十分紧迫的任务,就是要大胆选拔那些锐意改革,懂得知识分子政策,年富力强的开拓型干部,充实和加强各级党政机关、科委、科协和科研机构的领导班子。有了一个重视科技、熟悉科技的领导班子,再加上狠抓人才引进,广容天下英豪,又充分发挥现有知识分子的作用,我们就能迅速形成一个科技领域的强大优势,一个科技领域强大的领导力量和进攻力量,就能更好地落实党中央提出的科技发展新方针,就能开拓科技工作的新局面。

尊重知识,尊重人才,以智取胜,是关系全省经济在本世纪内以至下一个世纪的一个重要发展战略。在现代化建设中,一个称职的、清醒的领导者,必须具有这种战略眼光和胆识。

(均选自项南:《福建纪事》,人民出版社 1999 年版)

周志平编撰

王于畊

【题解】

王于畊（1921—1993），河北保定人。1937年全面抗战爆发后，投奔八路军学兵队学习，结业后分配到皖南新四军战地服务团。新中国成立后，王于畊先后担任福建省妇联宣传部长兼福州市妇联主任、妇委书记，福建省妇联副主任兼党组书记。1954年调教育厅任副厅长主持工作，旋任教育厅厅长；"文革"期间遭关押批斗；1977年调入北京师范大学，任第一副校长、中共北师大党委副书记、顾问；其后任全国教育学会副会长，中国人民政治协商会议第六届、第七届、第八届全国委员会委员。在王于畊直接领导下，福建省自1957年起连续三年夺取全国高考红旗。截至1966年，福建省构建了包括小学（甚至幼儿园）、小学学区建设，中心小学、实验小学建设，民办教育事业的建设在内的一套比较周全的教育体系，全省各县都设立了进修学校，全省共有5万名公办小学教师、3万多名民办教师，小学入学率达到80%左右；扫盲达70%至80%（40岁以下）；推广普通话的成绩也名列全国前茅。王于畊自年轻时就喜欢文学写作，曾参与《繁昌之战》《大时代的女性》等剧本的创作，被誉为新四军"才女"。但她听从丈夫叶飞的劝告，收起自己的爱好，一心投入革命工作，直至退休后才得以重操旧业，撰写革命回忆录《往事灼灼》等，塑造了许多革命烈士的崇高形象。

《关于提高全日制中学教学质量的几个问题》发表在《人民教育》1959年

第 12 期。文章总结出福建省夺取"高考红旗"的四点经验：贯彻党的教育方针、学会领导教学、发展重点高中和加强师资队伍建设。这样的总结是不是全面的，读者可以结合王于畊传记来综合思考。实际上，福建省当年高考的佳绩离不开福建省委、省政府的大力支持。教育现象充分表明，教育与经济是正相关的。王于畊大力奔走，积极与省政府各职能部门沟通，取得了他们对于教育事业各方面的支持。可能由于当年缺乏便捷的统计手段，因此这方面的研究有待后人来发掘。值得关注的是，这篇文章第二部分"学会领导教学，加强党对教学工作的领导"有四处出现"教学相长"这个词，这是王于畊等福建教育人当年摸索出来的经验，文章并没有点明这个词来自中国两千多年前的典籍《礼记·学记》，但是，万事悠悠，事理相通，要做好教育工作，不管时代如何变迁，还是离不开这个法宝。

《解放思想　研究问题》一文，发表于《人民教育》1979 年第 4 期。当时是一个解放思想、广开言路的时代，王于畊虽已调任北京师范大学，更多地从事高等教育工作，但仍心系基础教育，看到基础教育存在的问题，不吐不快，为基础教育改革发展摇旗呐喊。文章开门见山，提出教育工作中四个重要问题，即学制、课程设置、教学方法和考试方法。由此可以看到，深耕基础教育日久的王于畊，一下子就能抓到问题的根本。限于篇幅，文章仅着重谈了学制和课程设置两个问题。兹事体大，不是三言两语可以讲清楚的，但读者可以从中窥视当时基础教育界面临的问题及王于畊的所思所想。

王于畊把自己的壮年献给福建的教育事业，她常以福州一中为"试验田"，等到试验成功之后再向全省推广。由于工作上的密切联系，她和时任福州一中校长的陈君实结下深情厚谊。1979 年至 1984 年期间，已调北京工作的王于畊仍然心系福建的教育事业，写给陈君实和他的妻子柯晞十几封信。2001 年，为召开"陈君实教育实践研讨会"，筹委会第一次会议特从中选出几封编印成集，献出一份极具研究参考价值与权威性的珍贵史料。从这些书信中，我们可以窥见王于畊对教育事业建设的真知灼见，对教育管理的心血结晶，对莘莘学子茁壮成长的欢欣鼓舞，对我国教育事业赶超世界一流的道路自信，和对福建教育事业的眷眷深情。

第一封信，王于畊对自己在福建的教育工作做了全面的总结。她针对称道福建的"高考红旗"说起，指出自己在福建的教育是从最基层的建设搞起的，规划到1968年全省基本普及小学；从大学到中小学都有一套重点学校；管理队伍和师资质量合格率一直上升；中小学内部注重抓班子建设和学科建设，培养了大量师资。此外，经费、基建的安排也基本平衡；创建了业余与函授教育、半工（农）半读、民办教育、个人办学等多样化教育形式；扫盲、推广普通话、半工半读教育在全国都处于领先的地位。王于畊还语重心长地提出，教育受社会的政治、经济和各种意识形态的影响而存在，又对政治经济和各种思潮有影响，是复杂的、不可轻率地处置的，如果不用马列主义的基本观点来统率，不从中国社会的实际出发，没有千千万万人持有正确的观点、政策去埋头苦干，是干不出什么来的，而破坏它又非常容易。

王于畊写给陈君实的其他几封信，主要内容包括：王于畊坚定教育的中国自信，相信中国能创办出世界一流的中学；推心置腹地帮助陈君实剖析学生个性的优缺点，并具体地给出解决方案；强调邓小平同志关于教育"三个面向"题词的重要性，并从17年（1949—1966）、35年（1949—1984）的历史跨度去解读新中国教育改革发展史与"三个面向"的契合度；对陈君实一生的教育实践做了凝练总结，指出陈君实的办学主导思想是立志办好一所中国式的社会主义的中学，立志培养大批德、智、体全面发展的中学生。当然，陈君实不是单枪匹马，而是依靠并培育了一支老中青搭配得很好的、能征善战、能文能武、有社会主义觉悟的教师队伍，在福建省中等教育中起了极好的作用。陈君实作为一名校长，重视研究学生，研究自己的教育对象，认得许多学生，深入学生中，同教师一起教育学生。王于畊如此高度评价陈君实，其实也是夫子自道，骆水基、汪征鲁、董琨等一批优秀的福州一中学子在她的心中如数家珍。中学六年，就是要为少年、青年树立辩证唯物主义世界观打下初步基础，他们智育

（功课）强，思想上也好（活跃、善于独立思考），有勇气为自己的理想奋斗。创办世界一流的中学，是王于畊杏坛人生的教育梦。

关于提高全日制中学教学质量的几个问题

随着社会主义革命、社会主义建设事业的发展，福建省的中学教育在党的领导下，也有了迅速的发展。全省已于今年提前三年超额完成了教育事业的第二个五年计划，教学质量也逐步有所提高。

我省中学教育基础薄弱，师资、设备条件都比较差。在第一个五年计划期间，数量方面虽有较大的发展，但质量方面仍然是较低的。几年来，由于加强了党的领导，坚持了政治挂帅，坚决贯彻执行了党的教育方针，大力培养、提高了师资，贯彻了勤俭办学的精神，不断鼓足干劲，调动师生教学积极性，因而使我省中学教育在数量大发展的同时，质量也逐步得到提高，改变了落后状态，师生精神面貌起了深刻变化，参加全国高等学校统一招生考试的成绩，自1957年以来逐年有所进步，已赶上全国先进的省市。

坚持政治挂帅，坚决贯彻党的教育方针

几年前，我省全日制中学教学质量不高的情况，引起了省委、各级党委和全体教育工作干部的严重注意。1956年，党领导的反对右倾保守思想的斗争，使全国出现了社会主义革命和社会主义建设的高潮。我们在党的领导下，也及时反对了在教育工作中的"小脚女人走路"的保守思想。除大力发展了教育事业外，还提出了迅速改变我省中学教学质量不高的要求，并对一部分教育工作干部的保守思想进行了斗争。当时他们认为，我省基础差，师资、设备条件不及其他先进省份，教学质量不能迅速提高。事实上，那时我省已具备了提高教学质量的许多有利条件：第一，省委和各级党委对教育工作加

强了领导。几年来我们抽调了大批经过革命锻炼的党员干部到学校担任领导工作，吸收了一部分优秀教师入党，大部分中学都已建立了党的组织，这就为发展中学教育、提高教学质量提供了根本保证；第二，我们认真贯彻了党对知识分子的政策，教师的政治觉悟一般有了不同程度的提高；第三，在实际工作中，我们已积累了一些经验，并已涌现出一些进步较快的学校。显然，只要我们充分发挥这些有利条件，努力克服各种困难，落后学校就可以赶上先进学校，落后省份就可以赶上先进省份。在坚决反对右倾保守思想的基础上，1956年春，我们响亮地提出了"提高教育质量，赶上先进省市"的口号。这一口号大大鼓舞了广大中学的干部、教师和学生，他们热烈响应了这一号召，立大志，下决心，为迅速改变我省中学教育质量的落后状况，进行了坚持不懈的努力。

几年来，我们还在全省中学中进行了一系列的政治运动，坚决贯彻了党的教育方针。1957年上半年开展了整风运动和反右派斗争，大力加强了劳动教育，并正确处理了学校内部的矛盾；同年下半年根据毛主席培养"有社会主义觉悟的有文化的劳动者"的指示，在全省中学生中开展了社会主义思想教育运动。1958年春，大搞勤工俭学，同年九月，中央的教育工作指示公布后，更掀起了轰轰烈烈的教育革命运动。大力贯彻执行了党的"教育为工人阶级政治服务，教育与生产劳动相结合，教育工作要由党来领导"的教育方针，今年又继续开展了以党的八届八中全会决议为中心内容的社会主义教育运动。

在这一系列的政治运动和经常的政治思想工作过程中，我们和资产阶级教育思想展开了激烈的斗争。他们认为，在学校中开展政治运动和进行生产劳动会影响教学质量，往往将某些学校教学质量不高的原因归罪于政治运动和生产劳动。一部分学校的党员干部也受到了这种资产阶级教育思想不同程度的影响。我们在党的领导下，坚决与这种错误思想进行了斗争，并取得了决定性的胜利。事实证明，即使师资、设备等条件较差的学校，由于坚持政治挂帅，开展各项政治运动，坚决贯彻党的教育方针，教学质量就有显著的提高；反之，有的学校虽然条件较好，但由于没有坚持政治挂帅，政治运动搞得不深不透，贯彻党的教育方针有动摇，开展教育革命不坚决，不是教学质量降低了，就是长期不能提高。这是一条最重要、最基本的经验，对全省教育工作干部教育最大。

学会领导教学，加强党对教学工作的领导

教学是学校的中心工作，提高教学质量又是学校经常的基本任务。过去，我省中学曾经一度出现过依靠"专家"搞教学，走"专家路线"的错误。也有些教师以"专家"自居，认为"外行不能领导内行"，反对党对教学工作的领导。这些"专家"领导教学，实际上是用资产阶级个人主义思想影响学生，严重地脱离政治、脱离生产、脱离实际，即使学生从他们那里得到一点文化知识，也是既不巩固又不能应用于实践。省委指出了这一问题，并号召教育工作干部应该学会领导教学，建立党对教学工作的领导。只有在党的领导下，教学质量才能得到提高；也只有在党的领导下，教师才能充分发挥教学中的主导作用，才能培养学生成为"有社会主义觉悟的有文化的劳动者"。1956年我们在提出"提高教育质量，赶上先进省市"口号的同时，也提出了学校党员干部必须学会领导教学的要求。经过1957年整风运动及反右派斗争，1958年教育革命，许多同志深刻地认识到：不能领导教学，就不能进一步巩固党对学校的领导权。由于党加强了对教学工作的领导，逐步深入到教学领域中去，就使我省中学的教学质量得到显著的提高，这是我们一个深切的体会。

学会领导教学，加强党对教学工作的领导，既是一个思想斗争的过程，也是一个艰苦学习的过程。

首先，必须破除迷信，解放思想，深刻揭发和批判教学工作走"专家路线"的错误和影响，克服那种脱离实际、关门办学的倾向。这是一场教育工作中两条道路的斗争，是巩固地树立党对学校领导权的斗争。必须教育干部，

明确认识领导教学工作的重要意义,坚决克服各种右倾思想,破除对"专家"的迷信和对教学工作的"神秘"观念,深入教学领域,大胆而认真地把领导教学的工作担当起来。事实说明,只要立大志,下决心,不仅能学会领导教学工作,而且也能领导好教学工作。

其次,必须按照党的教育方针所指示的方向、按照党的群众路线工作方法,深入领导教学工作。必须坚决地批判、克服那种把教学工作当做纯业务、纯技术的观点,以及毫无批判地接受资产阶级专家的一套经验的思想。几年来,我省不少学校领导同志沿着党所指出的正确道路,认真学习党的方针、政策,把思想工作和教学工作紧密结合起来,提高师生的社会主义觉悟,明确培养目标与教学的目的任务,批判资产阶级教学观点,真正深入到教学领域,掌握教学情况。他们深入教研组、课堂、学科、班级和学生,发现问题,总结经验,帮助教师纠正错误和缺点,教育学生端正学习态度,改进学习方法。这样,就能较快地提高教学质量。但也有少数人离开了党的方针、政策,把教学工作与思想工作分开,认为它是一种单纯"业务""技术"性的工作,枝枝节节地解决教学中的一些具体问题,或是不加批判地继承老一套的教学工作方法。显然,这是错误的,不能达到提高教学质量的目的。教学工作一旦迷失了党所指出的方向,走上了岔路,即使教学水平较高的教师,也不能取得较好的教学效果,甚至连教学中的某些具体问题也得不到解决。例如学生作业中常常出现大量错别字的现象,教师虽然想了一些办法(如写出正误表,批改作业时注意纠正,课堂上一再提示,等等)去解决这个问题,可是没有从思想上对学生进行教育,引起他们的重视,结果错别字的现象仍然得不到纠正。如果我们把这个问题首先当作思想问题去解决,对学生进行学习目的性教育,说明写错别字的危害性,提高他们的认识,然后结合较好的教学方法,这一问题就会逐步得到解决。

第三,正确处理师生关系。教学问题就是师生关系的问题,正确处理师生关系是提高教学质量的关键,也是领导教学工作的主要问题。我们认真贯彻了今年二月中央教育工作会议的精神，明确提出了要学会领导教学，加强对教学工作的领导，必须在整个教学过程中，贯彻"在党的领导下，在教学相长的原则下，发挥教师的主导作用"。

教师主导作用怎样才能充分发挥？教学质量怎样才能得到保证？我们感到十分重要的是不断克服教学中的主观主义和经验主义。主观主义和经验主义是教学中经常易犯的毛病。有些教师在教学工作中，往往不考虑当前社会主义革命和社会主义建设的客观形势，不认真地对学生情况进行具体分析、研究，而是千篇一律地对这一学年和上一学年的不同形势，对这个班级和那个班级、这个学生和那个学生的不同情况不加区别。这种老一套的安排教学的方法，势必脱离客观形势，脱离学生实际，因而教学效果也决不会好。我们感到，教师教学上的缺点是教学质量不高的直接原因，学生掌握知识上的缺陷和漏洞也往往是由于教师在教学中的主观主义和经验主义所造成的。而教学质量较好的学校，就能够按照每一时期的斗争形势和教学工作的实际情况，深入班级和课堂，进行调查研究，具体分析学生的思想动态和知识基础，领导教师不断地充实教学内容，改进教学方法，修改教学工作计划，针对学生情况进行思想教育和开展教学活动，千方百计地使学生达到一定的要求。总之，教学工作必须从实际出发。开展对主观主义和经验主义的斗争是一项经常的任务，而且贯穿在整个教学过程之中，即使像布置作业和批改作业这样的具体工作也不能例外。

为了在教学工作中使教师充分发挥主导作用，还必须坚决贯彻党对知识分子的团结、教育、改造政策，组织他们学习党的教育方针和有关指示，不断改造他们的资产阶级思想，提高他们的觉悟，调动他们的积极性，正面地、诚恳地指出他们教学工作中的错误、缺点，帮助他们改正。无数的事例都表明：教师如果没有饱满的政治热情，即使业务水平再高些，书也是教不好的。我们一方面坚持政治挂帅，另方面也给教师安排适当的工作条件和照顾他们的生活困难。只有广大教师的干劲鼓起来了，教学质量才能得到不断提高。

但是，问题并没有全部解决；因为教师的认识水平和思想方法时时刻刻在影响着教学质量，他们在贯彻教育方针，运用教学原则、方法时，往往会出现这种或那种的偏差。譬如在运用理论联系实际的教学原则时，有的教师往往附加了大量与教材无关的材料，使学生既没有学好教材本身的知识，也未能达到丰富知识领域的目的；也有的教师过分强调中学教材都是基础知识，很少联系实际。因此，在教师的干劲鼓起来之后，还必须不断地提高他们的认识水平，克服他们思想方法的片面性。强调在教学工作中，必须贯彻理论和实际相结合的原则，这一点不能动摇。为了扎扎实实地打下文化知识的基础，既要把各种学科的基础知识传授给学生；又要根据教材，多方设法让学生接触实际；凡是能使学生自己亲手做的，必须让学生做一做；凡是能给学生摸一摸的，应该给学生摸一摸；凡是能给学生看一下的，定要叫学生看到。使学生学到的知识紧密结合实际，并能在实际中具体运用。

教学工作必须贯彻群众路线，坚持教学相长的原则，这是不断改进教学工作提高教学质量的一个重要方面。学校在制订一个学期、一个阶段的工作计划时，应由党支部和校长先提出草案，征求教师意见，发动教师展开讨论，再向学生公布，说明学校的当前情况和工作要求，同时征求学生意见，然后定稿。各教研室、各班级和教师根据学校工作计划，订出各自的工作计划。这样集思广益地制订工作计划，既可以减少主观主义，又可以动员师生为完成这一计划而努力。另外，在党支部领导下，还采取师生座谈会的形式，定期由师生共同检查教学中的问题和缺点，开展批评和自我批评，提出今后改进意见。这一形式，有些教师起初在思想上有顾虑，经过党的教育和几次座谈之后，他们体会到，学生的意见多数是中肯的，能够正确地反映出教学中存在的问题。如果师生之间发生争执，由支部做出结论，一般也能使他们心服。这种师生座谈会的形式，已为我省多数学校所采用，看来可以将它作为贯彻教学相长原则的一个重要方法。此外，我们有些学校也采取了教师与学生个别接触、教师与学生谈心的方式，深入了解学生情况，征询学生对教学的意见。我省不少教学水平较高的教师，都体会到学生的意见对他们帮助很大，有人说，他的教学水平提高的过程，也就是贯彻教学相长原则的过程。

当然，党也应对学生的学习态度、学习方法加强指导。这方面我们已取得了初步经验。中学生正处于长身体和长知识的时期，学校党、团组织应密切关怀学生在成长过程中的各种问题，不断肃清资产阶级思想对他们的影响，教育他们逐步树立起阶级观点、劳动观点、群众观点和辩证唯物主义观点，向他们反复进行学习目的性的教育，鼓励他们努力使自己成长为一个有社会主义觉悟的有文化的劳动者，将来能为社会主义、共产主义的建设做出贡献。我们感到，当学生有严重的个人主义学习目的时，他们的学习情绪极易波动，学习成绩就不会好。当他们一旦树立起正确的学习目的以后，他们便能够朝气勃勃，艰苦学习。在鼓舞他们学习信心的同时，也要注意防止他们的自满情绪和学习上的冷热病。至于学习方法的教育，只有在思想教育的基础上，才能取得效果。学习必须有冲天干劲，也要老老实实，反对那种投机取巧、猜测考题等不正当的思想行为，教育他们认真听课，认真复习，积极思维，开阔眼界，逐步引导他们走入宽广的知识领域。此外，适当地组织文娱体育活动，改善生活，促进健康，也是很重要的。

学会领导教学，加强党对教学工作的领导，仍然是我省中学教育工作当前的重要任务。教学上尚有许多问题有待我们进一步学习和解决，我们也许还需要几年甚至更长的时间，才能真正学会领导教学工作，才能使教学质量进一步得到提高。

正确处理重点和一般的关系

早在 1956 年，省委指示我们，在大力提高教学质量的同时，要办好一批重点学校，要搞好重点地区（学校比较密集的地区）的教育工作。我省教育事业的发展是不平衡的，沿海地区教育比较发达，山区则比较落后。我们根据省委的指示，既着重地抓了几个主要"教育基地"的工作，又照顾了山区教育事业的发展。同时，确定十六所基础较好的中学为重点学校，并加强了对他们的领导。今年春季省的重点学校又重新确定为十九所，专、市的重点学校为二十九所，共四十八所。

我们在认识、处理重点和一般、普及和提高的关系上，是经过了一个过程的。先进的地区和学校应该帮助落后的地区和学校，落后的地区和学校必须努力赶上先进的地区和学校。这种先进和落后不平衡的情况是客观事实，但解决这个不平衡的问题，我们曾一度存在着平均主义思想，认为只有拉平，才能"平衡"，才叫做"公平"。因而在基建、师资和设备等方面便采取了"平均分摊"的做法，一定程度上影响了先进的地区和学校的发展与提高等方面的积极性。我们在学习和实践的过程中，逐步克服了平均主义思想。事实教育我们，重点地区和重点学校确实起了"先进标兵"和"典型示范"的作用，它们创造了许多重要的经验，并为国家培养出大批的（占我省学生的一半）质量较高的学生。搞好教育基地、办好重点学校确是提高教学质量的重要措施，这一道理，现在已为多数人所接受了。

在搞好重点地区和办好重点学校的同时，还必须照顾一般地区和一般学校的发展和提高。在教学工作的领导、师资培训、解决设备等方面，对全省所有中学都做了适当安排，鼓励它们努力赶上先进学校。近两三年来，已有不少学校赶上了甚至超过了某些重点中学的水平。我们认为只有这样处理重点和一般、普及和提高的关系，才能使我们每年的大部分毕业生保持一定水平。

大力培养师资，建立一支又红又专的教师队伍

几年来，发展中学教育和补充师资之间的矛盾是十分突出的。目前，我省全日制中学教师尚缺一千五百人。教师每周任课时数已由 1955 年的每周十五小时左右增加到二十小时左右，一个班级平均不到两个教师。同时，不合格教师的比例也逐年增长，1955 年不合格教师占全部教师的 40%，今年已接

近 70%。在为数近万的中学教师队伍里,高中毕业生占 30% 多,小学教师占 20% 多。许多学校缺乏教学骨干。师资数量不足和质量不高的情况,严重地影响着教学质量的提高。

补充师资的重要来源之一,是举办高等师范学校。1958 年以前,我省仅有师范学院一所,远不能适应全省中学对师资的需要;因此,每年都补充一批高中毕业生和小学教师。去年教育大跃进,我们举办了七所师专,今后的师资补充问题可以逐步得到解决。但是,对于已在中学任教的大量的不合格教师,必须对他们认真进行培养、提高,使他们能够基本胜任教学。正如中央所指示的培养教师必须两条腿走路,一方面要办好高等师范学校,另方面要抓紧在职教师的业余进修,特别是后面一条,如做不好,将会长期影响教学质量的提高。

在职教师的业余进修工作,我省从 1956 年抓起,采取了函授、假期轮训、广播讲座、组织学习小组和教研组带徒弟等办法。除高师大力举办函授教育外,许多省和专、市的教师进修学校(院)也都充分发挥了应有的作用,如平时进行教学辅导,假期举办短训班和讲习会等。高师函授和进修院校这两条基本办法毕竟还有人数和时间的限制,而学校教研组带徒弟的办法便是最好的补充。我省许多高中和普师毕业程度的教师,在教研组和教学水平较高的老教师帮助下,经过一年的培养,一般便可任课。有的经过几年锻炼,已经教得很好,少数已担负了高中的教学工作。

在培养师资方面,我们采取了"抓两头,带中间,提高全部师资教学水平"的办法。抓两头,就是着重培养教学骨干和不合格的教师。只有这样,才能带动全部教师共同提高。近几年来,我省中学已由二百多所发展到四百多所,新、老学校均缺教学骨干。经验证明,凡是有了一批教学骨干的学校,它们的教学质量一般可以保证。教学骨干不是自然长成的,必须有计划有步骤地加紧培养。

培养师资的工作必须在党的领导下,由各中学支部进行日常的具体的领导。凡是中学支部抓得紧的,师资培养工作都有成绩。培养师资工作也要反对单纯业务观点,必须坚持政治挂帅,加强对教师的政治思想教育,培养目标必须是又红又专。这一工作最大的思想障碍,是教师在学习上的资产阶级个人主义思想,脱离教学工作,追求个人名利。因此,在组织教师进修时,必须不断地和这种错误思想进行斗争,端正学习态度。

我省全日制中学教育和全国各地一样,所以取得一些成绩,最根本的原因,是党加强了对教育工作的领导,在党的总路线光辉照耀下,教育工作干部鼓足干劲、力争上游,坚决听党的话,按照党的方针、政策和指示努力进行工作,不断纠正工作中的缺点和错误。今后,我们仍将在党的领导下,坚决贯彻执行党的社会主义建设总路线,进一步贯彻党的教育方针,学习全国各省市的先进经验,为进一步提高中学教学质量而奋斗!

(原载于《人民教育》,1959 年第 12 期)

解放思想　研究问题

在教育工作中,有四个重要问题,这就是学制、课程设置、教学方法和考试方法。这些问题在 1964 年春节座谈会上,毛主席曾着重谈到并做了指示。现在,我国建国已近三十年,对于这几个问题,经过多次的讨论研究,实验改革,已经积累了丰富的经验。当前,教育事业面临着为实现四个现代化服务的艰巨任务,我认为应该从当前的情况出发,解放思想,实事求是,按照教育工作的客观规律来办好教育。现就学制和课程问题提出一些初步看法,以供讨论。

学制是不是越短越革命

学制,即各级各类学校的机构和学习年限,是什么决定的呢?它是由培养目标和国家的经济情况决定的。并不像"四人帮"说的那样，学制越短就越革命。十多年来，教育经过"四人帮"的破坏，基础搞坏了，再加上现代文化科学的发展，我国各级学校的教育水平与世界先进水平有了较大的差距。在这种情况下，学制的安排必须适当，不能过分缩短。否则，不但会影响教育水平，而且会因为过重的学习负担而影响学生的身体健康，不利于学生德智体的全面发展。总结以往的经验，我感到当前实行的普通中小学十年制（有的地区还有九年制）是否短了一点？它不可能把现代科学的基础知识传授给学生。学制短了，势必要砍掉一些课程和课时。本来科学的发展使学科的内容越来越丰富，例如物理学，二十年前只讲力、热、声、光、电，现在增加了半导体、电子学等内容。内容增加了，课时却减少了，学生的负担也就加重了。中小学阶段年限不宜太短，把基础打好，高等学校才可以提高质量。

同时，在我们这个经济还不发达，人口众多的国家里，学制一定要多样化。事实证明，全日制、半工半读、业余教育（包括电视、广播、函授）等办学形式是符合我国情况的。多样化的办学形式中又要有骨干，或叫重点学校，为进一步培养科技人才提供高质量的学生。我认为，当前应该办好一批中学，并在十年制结业后，一部分升入中等专业学校，一部分再学习一年或二年高级中学的课程，然后考入高等学校学习。这样就可以为高等学校提供一批真正合格的新生，有利于高等学校培养各种专门人才。同时，又发展了中等技术教育，为现代化生产培养技术力量。

办半工半读教育是不是双轨制

"四人帮"曾经诬蔑半工半读教育是资本主义的双轨制，至今流毒没有肃清。这个问题应该展开讨论。如果它是适合我国当前教育事业发展的需要的，就应该举办，应该提倡，应该发展。

我记得办半工（农）半读学校是在一九五八年开始的。这类学校大多办在工矿企业或是人民公社和有条件的大队，为工业、农业培养过大量技工和初、中级技术人员。办这样的学校国家花钱不多，有的还能为国家创造财富，受到工业部门、农村社队、广大家长和学生的欢迎。但是，"文化大革命"中，这类学校被"四人帮"摧垮了。热心办这类学校的教育干部和教师受到残酷斗争。"四人帮"一方面摧残这类学校，另一方面又把普通中学撤散，用生产代替教育，达到毁灭文化教育的目的。我建议，应该对十七年半工半读学校和它们培养的毕业生进行调查研究，做出正确的结论。

考察一种办学形式，不应从表面看问题。资本主义国家的双轨制是由资本主义的社会性质决定的。我们社会主义国家办教育是为了提高全国人民的科学文化水平，是为了发展社会主义经济，实现四个现代化。为了在较短时期内实现四个现代化，我们办学就要多种形式，这是符合我国广大劳动人民利益的。这与资本主义国家的双轨制是截然不同的。

我认为，在当前，我国的初中、高中毕业生有一部分可以进入半工半读学校继续受教育。这类学校最好由工矿企业和人民公社来举办，也可以单独设立。我们还可以把这类学校与引进外国先进设备和先进技术结合起来，培训能够应用先进设备的技术人员。这样办，可以使教育更直接地为发展国民经济服务，有利于提高工人、农民的教育水平。

课程内容是不是越少越好

要根据现代科学技术的发展水平和学校的任务来考虑课程的设置和内容的安排，不是可以随心所欲地增加和减少的。中学是打基础的阶段，基础宽一些，广一些，上面的高层建筑才能立得起来。但是现在的中学，由于学制缩短了，有些必要的课程被削减或砍掉，对学生的发展很不利。例如生物学是一门很重要的基础学科，但在中学里课时很少，讲的东西太简单；地理、历史这些基本常识性的课程，砍掉得太多。又如外语，因为课时太少，中学不能过关，就必然加重了高等学校的负担。过去中学要学解析几何，后来砍掉了，现在大学就要补这门课，出国留学也要补这门课。当然，我们不是要培养通晓一切的"通才"或"全才"，但是，博和专是矛盾的统一体，博学有利于专深。因为各门知识是互相渗透、互相补充的。我们在安排课程上当然要有主有从，有的课程只要讲一讲，不一定考试。这样，学生的负担不一定会加重。列宁说过："只有用人类创造的一切财富的知识来丰富自己的头脑，才能成为共产主义者。"毛主席也多次指出，学生要读点修辞学、逻辑学、天文学，等等。精简课程是要删去陈旧落后的东西，切不可随意减少必要的基础知识。

总之，教育工作中有许多实际问题需要研究，需要从理论上加以阐述。只要我们按照教育规律来办教育，我国教育事业一定会兴旺发达起来，达到世界先进水平。

（原载于《人民教育》，1979 年第 4 期）

致陈君实校长的几封信

I

君实同志：

来信收到。

近日我收到福建来信，又接连接待了福建教育界来人的探望，都谈了有关你的事，马、廖也谈了。你受到为数众多的人关心，对你来说是莫大的安慰，一个人半生的工作得到这样多人的赞许，这些应使你平静下来。只是我脑子里老盘旋此事，爱莫能助，特感惆怅。但想到"塞翁失马，安知非福"，在心里放下也就算了。

福建的教育工作，人们多称道的是高考成绩。其实，我因你来信细想了一下，只说这点是不够的，福建的教育我们过去是从最基层的建设搞起的，从小学（甚至幼儿园），小学学区建设、中心小学、实验小学的建设、民办教育事业的建设，搞到"文革"前小学入学80%左右，5万公办小学教师，3万多民办教师，县进修学校各县都有，学生能保持到75%的在校率。扫盲也达70%～80%（40岁以下），去掉浮夸就是这个数。那时规划到1968年全省基本普及小学。从大学到中、小学有一套骨干学校，即重点学校，虽也有追求升学缺点，主流是好的。这样的一支队伍一套班子，师资质量合格率一直上升，有计划地提高了他们的合格率。从中小学内部来说，我们是抓班子建设和学科（主要学科的提高）的基础上来的，因此，工作是踏实的，教育体系是比较周全的。如果人们不懂全体教育工作者在这些方面花的力气，说起来也是不全面的。至于重点学校的建设，是作为骨干学校存在，并起了骨干学校的作用，培养了大量师资和干部，教师的三线配备，那时朱鼎丰、陈日亮等人是三线骨干，现在都成骨干了，而且出了大量干部，教育干部的多数是从教育系统中选拔出来的。学校体系的建设，学校网的建设，人才的培养，都不是一日之功，是多年的积累。经费、基建的安排，也基本上是平衡的，保证了学校教育的发展。至于办教育的多样化，业余、函授教育、半工（农）半读的发展，也是很有成绩的。那时，"文革"中在斗争我时，批我的不仅是高考红旗，是三面红旗，即还有扫盲和推广普通话。"文革"中批我是样样批，一条不漏（当然工作并不是我一个人做的，是大家做的），还批民办教育，个人办学。半工半读教育在全国也是领先的，人们据此说我是刘少奇"黑司令部"的人，斗争的"细微"和残酷，我懒得再去说它们。可是历史竟然还会重复，有人抓什么反对重点学校，反对升学率了，其他是一笔抹杀了。但是历史抹杀不了，福建的人民，现在成为建设骨干的50多岁、40多岁的人们，他们怀念那时的福建教育，他们记忆犹新，有人越反对，就越有人做宣传，越有人挺身而出批这个"历史的重复"，我们可以心安理得，因为在我们工作岗位上，曾竭尽全力为人民的教育事业服务，曾经有过许多至今不可忘怀的、也可以说宝贵的经验！我们是历史的唯物主义者，客观事实，历史，谁也抹不掉！

当然我们也有缺点错误，不承认这一点也不是唯物主义者。但那是第二位的，已经纠正了的，有1962年以后的工作为证，有1964、1965年的好形势为证。

上面这些话，我是久久闷在心里不说的，在你面前一吐为快，因此我赞成有人来写福建教育史，不是为谁记功，而是为了总结历史经验教训！

我是从幼儿园、小学、中学、大学本科、研究生这个全过程都自己动手摸过了一遍，学位问题也摸了。另一条腿，从扫盲、工农速中、业余函授、半工半读（半农半读）各种的学校也都摸了一遍。教育是怎么回事，它不是孤立于社会之外的，是受社会的政治、经济和各种意识形态的影响而存在并又对政治经济和各种思潮有影响的，我越是看到教育的特点、作用，就越觉得它是个复杂的，不可轻率地处置的东西，不能有任何的片面性，任意性去随便处理教育问题，它的涉及面太大了，如果不用马列主义的基本观点来统帅，不从中国社会的实际出发，没有千千万万人持有正确的观点、政策去埋头苦干，是干不出什么来，而破坏它又是非常容易。中国的历史反映在教育上，也是一部教育的盛衰史，中国的封建社会的盛衰，旧中国的腐败，都在教育上明显地、突出地反映了出来，中国历史上总有那么一批历史上进步的（革命的）教育家，追随于中国的革命家来支持进步的符合中国情况的推动社会进步的教育事业。因此，我们退下来了，还有后来人，要坚信这一点，要有这样的眼光。

我写上面这些话，心里舒畅多了，盼你也把眼光放远，鲁迅在那样黑暗的年代，批判了旧中国教育种种劣迹，这对我们是有启发的，坚持鲁迅的思想作风，对我们是有益的，你说可是？

柯晞同志，我就不另写回信了，我非常感谢她对我的关心。也分外感谢她对你的关心，体贴！她的品格是可贵的，我不另写，主要是没时间，我对她仍如以往是很敬爱的。

由于我是在福建特殊情况下的人物，对他人不可多提我，现对我的攻击

矛头又出来了。我不打算理,以免刺激人。信写得很长,有暇请复信。祝

  安好!

于 畊

1979 年 5 月 29 日

Ⅱ

君实同志:

你好!柯晞同志好!

  最近我离北京一个月,主要是叶飞同志病了,并在浙江宁波附近,我随了北京医生一路去的,前天才回北京。叶飞同志已入三○一医院,我尚好,返京后,可能在短期内不上班,要照料病人。

  知你们最近调动消息,我很高兴,蒙你征求我的意见,我粗粗想了一下:1. 王昕、安枝、传淦等同志最好调回局里去。对局里工作可能有所帮助! 2. 一中安排的领导班子很好,对林桐绰等老人要团结。一中一般老教师,他们起的历史作用,绝不可忘,但只靠他们不行了,他们年老了,得有一批年轻的后起之秀。3. 一中必须千方百计办好!要设法实行六年制。请你找一本 1980 年 5 月 3 日《参考资料》附刊《福建省为实现经济现代化进行大胆实验》一文,提到福建教育和一中,把一中比做日本最好的中学,在国际上获得了声誉,就得千方百计办好!要有勇气同任何国家的任何中学比试一下,不愧为我们伟大国家的一所重点中学以引为重任。

  致以

敬礼!

于 畊

1980 年 6 月 9 日

III

君实、柯晞同志：

你们好！

那天君实同志从东北回来，匆匆来看我，我家那时正有客人，无暇谈谈，事后总以为憾，我是有点话要和君实谈谈的。后来，马秀发同志、朱旭同志先后来我家，有次正适杨列平同志也在，一起谈了谈，可能马或朱已同君实谈了，不知你意如何？我反而觉得没有面谈不妥了。

我离闽后，常常想念许多老教育干部、老教师，同他们之间在长期的工作中建立了难得的深情厚谊。你们夫妇是我们最亲近的战友，更常常使人怀念。在亲近、熟悉的同志中，是衷心希望你们能顺利工作的。近来，尤其如此，因为君实同志已能更好地发挥自己之所长，我为福建中等教育有了一位理想的实干家，有经验的又年富力强的实干家而高兴。

教育工作，主要是教学工作，但又有大量的烦琐的政治思想工作、人的工作。在我过去有庄牧同志和林光柱同志等那样的好助手，团结了广大干部和教师。现在，在"十年浩劫"之后，我想，君实同志必须有那样的好助手，帮助你细心地、不辞劳苦地去关心人们，指点人们并真正向他们学习，取得他们第一手的好经验，表扬他们每一优点和贡献，这样结成了友谊。记得过去我为你调去了许传厚同志，同时，柯晞同志也协助你做了不少工作。

人的工作总是和思想上的关怀和生活的照料分不开（这就是政策）。但又带来许多的行政事务工作。君实同志，你的事业精神，你的领导教学，你的深刻思考，这是你之所长。而烦人的事务工作（有时就是政治工作）是你之所短（请谅我直言），你待人满腔热情，但表达不好，甚至有时使人看到你是冷淡的。一个人有长处，而且是很大的长处，又有所短，本无可厚非，只要有个好助手，有个热心肠而又关心同志的人做助手就好了。你看如何？

我看马秀发同志是个很好的人，她在失去亲人之后，我相信她将全心投入工作。她待人诚挚、热情，她又是个好的政治工作干部，好的行政干部，你委托她做好一中那些有功劳的，至今仍名闻全国或全省的老教师的工作，照顾他们，团结他们。使他们永远高高兴兴的，是福建中等教育的经验代表人物，是一中的有功的自己的前辈，是你最好的朋友。待他们年老不能工作之后，仍永远属于一中，是一中最好的顾问组，是一中青年教师们的好老师！他们的工作精神永远传流下来，他们的经验将得到发展，像在一中过去那次校庆时一样，他们胸前永远有那朵大红花！

福一中的林桐绰、林碧英、陈守仁、陈明枝等老师们，他们的工作和你的长期工作相连，没有你的领导，没有他们的成绩，没有他们的好经验，也许没有福建至今数、理、化三科的好成绩，当然，还有别人，还有许多人，但他们是佼佼者。你同他们之间的深情厚谊将深驻在你心里，别人破坏不了，也代替不了。我相信你会满怀热情地、细心地、主动地去关心他们，团结他们，我也相信他们将为一中继续增添光辉。

君实同志，我上面谈的，发自肺腑，我衷心盼你一切顺利，遇有任何挫折都将坚定不挠，你周围有大批大批的老的、中年的、青年的教育工作者、教师，他们将在你领导下取得新成就！

柯晞同志，你真是我的好朋友，又是君实的好妻子，你对我，对君实都爱护备至，过去和现在，都是如此。你会在现在，在君实重担在肩的时候，千倍爱护他，你一向善于联系群众，就多多发挥你的长处。

祝你们好！我说得不对，请批评！

我们一切正常。

于　畊
1980 年 8 月 20 日

IV

君实同志、柯晞同志：

前后来信和君实稿件（鼎丰同志讲话稿）均收到，两稿均已草草看了一遍，既然你们希望我提点意见，现在重读君实稿件，一面看，一面写点修改意见。现已看了一半，因我手术后精力、体力均未康复，另一半还需点时间，能想到的都写出来，供君实同志参考。

总的印象是思想方向是对的。对小平同志的"教育要现代化，要面向世界，面向未来"的题词从理论上、实践中都体现得不错。我这两年来多病，读书不够。但我在北师大对"三个面向"的问题，说了三点：①这是教育史上一个根本问题，三个面向和教育倒退、保守这二点一直是中外教育史上的争论，中国的废科举办学堂，西方的宗教和教育的关系（教会控制学校），都是例证；②这"三个面向"是教育的根本规律和任务，教育总是为将来的经济、政治的发展，为社会的发展培养人才的；③"三个面向"是大、中、小学等各类教育共同的指导方针。

此外，17年、35年难道不是在改革中走过来的？当然有错误，有曲折。每一个革命者当去办教育事业时，不是一个改革旧教育的人，不是一个创造（也有继承）"三个面向"为指针的人？我看如不是这样倒奇怪了。

我本月十日后将住进杭州海军疗养院，拟疗养一个月。顺告。（稿看完后即寄去）此祝

于　畊

1984年4月4日晚于杭州

V

君实、柯晞同志：

你们好！

我去冬以来，小病小伤未断，先是发了一次哮喘，后来（1月26日）北京下雪，我晚间又被滑一跤，左腕粉碎性骨折，因上过石膏二个多月了，尚不能恢复功能，连累右手，写字不便，3月11日，又突患颜面神经麻痹，又住院治疗，出院后，也天天跑医院，总之年纪大了，这一个冬天，我是什么也没做，白白过去了。

来信和来稿都读过了。主要提个意见，提我的名字太多，统统删去，或大部分删去，恳请接受我的意见！这就算第一个意见。

第二，君实同志在办学思想上主导他的是什么？要明确点破：立志办好一所中国式的社会主义的中学（不断钻研的是什么，是中国式的社会主义的中等普通教育，不断加以改革）。立志培养大批德、智、体全面发展的中学生（这是马列主义教育思想的经典理论）。要说搞"试验田"就是为此而实验，不断摸索、创造，目的终于达到或说基本达到了。

第三，德、智、体（特别是德、智）统统要在六年中学过程中，使它们辩证地统一于学生们每个人的身上，教育、培育学生他们"有理想"（不断经过政治教育，经过知识的掌握而达到），不少教育工作者片面性过大，抓政治教育放弃教学，抓教学又脱离政治教育。唯物辩证法世界观是经过学生在学校活动的全部过程，其中占绝大部分的是教学而完成的。而且必须经过教学，特别是自然科学的教学而实现。因此中学达到了为学生树立共产主义世界观打下了基础（或说初步树立），是不是这样？

"文革"中，初中学生胡闹得厉害，时间也长一些，是不是这样？高中生似差一些，而一中毕业生在大学的在外面造反，到学校看望校长，和他们觉悟得也早一些，是不是说明中学打的那点"基础"起了点作用？思想方法、分析问题的水平有关？是么？

中学应有个重要的任务，那就是为少年、青年树立辩证唯物主义世界观打下初步基础，他们智育（功课）强，思想上也好（活跃、善于独立思考），有勇气为自己的理想奋斗。

中学教育又为进一步深造，也就是接受专业（职业）教育，高等学校的，或是工厂、农村的教育都打下了坚实的基础，讲"基础教育"就是就这个意义上讲。骆水基寄来论文，我又惊奇，又要联系到他所受中学教育。汪征鲁在插队时就写下很有水平的论文，他并不是大学生。有好几个只念了一年大学就考上了研究生，并成绩优异（董琨等），只要说是"福一中的学生"、"福一中的教师"到处受到欢迎，为什么？国际国内的反映说明什么？她应该是中国式的社会主义的伊顿学校。

第四，福一中不是君实单枪匹马，有一支队伍，老中青搭配得很好的教师队伍，这支队伍在校长指挥下能征善战，能文能武，教书育人，这支队伍不断涌现青年、中年能人，没有一支有社会主义觉悟的有文化的教育者（高水平的），不可能有一批又一批的这样的学生毕业出来。君实是依靠并培育了这支队伍的，就是这支队伍在一中，在福建省中等教育中起了极好的作用。办学校不靠教师不可能办起来，更不可能办好。

一中有一支小小的政治工作队伍（其实不小），清华就搞双肩挑，他们出了大批人才，一中其实也是自觉或不自觉地这样做了。

第五，福一中对自己的教育对象是了解深入的，研究了又研究，一个校长认得那么多学生，深入学生中，同教师一起教育学生。重视研究学生，研究自己的教育对象，这是君实有丰富经验的一个重要方面，作为教育家，他必须深刻了解并清晰认识自己的教育对象。所谓"年龄特征"的研究，对象有共性有个性，随着政治经济形势的变化，社会情况的变化，教育对象也有变化，总是社会存在决定社会意识，因此从"实事求是"、"一切从实际出发"研究学生的情况出发，决定对学生教育的具体任务、具体内容和方法也要随之变化。

我说君实同志三十余年高举教育改革的旗子，是一个名符其实的改革者，上述这点是其重要内容。

请作者研读一下小平同志有关教育工作的讲话。有点"武器"是重要的。近日那个"四有"，前时提的"三面向"，似乎总是在那里自觉不自觉地抓着这些，"三面向"是教育方针也是基本任务，"四有"是具体的（整体的）要求，你们回顾一下是不是？草草写了这些。请谅，仅供参考。

于　畊
1984 年 4 月 23 日

（选自朱鼎丰主编：《陈君实教育实践文集：荆棘之路》，福建教育出版社 2002 年版）

赖一郎编撰

汪国真

【题解】

汪国真（1956—2015），出生于北京，祖籍福建厦门，当代著名诗人、散文家、书画家，毕业于暨南大学中文系。汪国真的诗歌和散文，关切到学习、成长乃至成熟期的个人和群体，其中有不少的篇目涉及教育、校园、教师、学生、才华、行动等主题，是其整体诗文的有机组成部分。这些诗文情感积极向上，志趣昂扬超脱，励志生活，讴歌生命，蕴意教育，礼赞青春和奋斗，引领过一个时代的热潮。20世纪90年代各级各类学校掀起的"汪国真热"，相当的意义上是因为汪国真的教育诗文率直炽热，洋溢着、倾吐着深沉温厚的生命真谛、生活情愫、教育想望和理想求索。

《热爱生命》一诗，汪国真认为不用去想"是否能够成功""能否赢得爱情""会不会袭来寒风冷雨""未来是平坦还是泥泞"，而是赞赏选择远方、钟情玫瑰、奔赴地平线目标、热爱生命的坚定真诚与满腔豪情。生命教育素来备受关注，于今尤盛，其核心目标在于，通过生命教育和生命管理，让每一个人都成为"我自己"，都能最终实现"我之为我"的生命价值，把生命中的爱、能量和亮点全部展现出来。开展生命教育的形式多样，诗歌有其独到之处。"便只顾风雨兼程""勇敢地吐露真诚""留给世界的只能是背影""热爱"并"意料"生命……广受青少年学生喜爱的轻灵炽热的诗音《热爱生命》，能与他们形成强烈的情感共鸣，裨益他们在风雨浇透的年轮中自觉地把生命长度、生命宽度和生命高度统一起来，共同凝成生命的亮韧特质，去尊重生命、敬畏生命、升华生命，实现生命的崇高价值。

《我微笑着走向生活》一诗，汪国真要自己始终带着坦率真诚的微笑"走向火热的生活"，而不论生活如何回敬。这看似个体与生活单向的回应，实则内含个体在内的社会群体与整个生活的相向而行和相得益彰，投射到教育主体和教育生活上亦恰如此，剪影裁景俯拾即是："报我以平坦吗/我是一条欢乐奔流的小河/报我以崎岖吗/我是一座大山庄严地思索"，启发青年人对待学习、生活、工作的顺逆境时应全审悉纳，顺势而为；"报我以幸福吗/我是一只凌空飞翔的燕子/报我以不幸吗/我是一根劲竹经得起千击万磨"，激励莘莘学子在面对重要考试、严峻考验的成功失败时可展颜拥抱幸福或即时勇敢地迎接磨难。从具中国气派的理论视域来看，人民教育家陶行知创立的"生活教育"学说，主张生活决定教育，生活的变化就是教育的变化，若以此来链接汪国真的这首诗，那么走向生活就是走向教育，走向变动不居的生活就是走向纵深拓展的教育，走向新时代的生活就是走向更高民主更锐科学更贴国情的教育，走向未来时的真诚微笑着就是生动演绎接受生活洗礼教育馈赠时的收获并快乐着。

《感谢》是汪国真在2006年暨南大学百年校庆时写给母校的一首诗歌，饱含汪国真对母校和老师的感恩之情。这首明澈诚挚、浑然一体、信手天成、"当我走向你"的教育诗，给人们以深切的触动和设驿打卡的退思："我原想收获一缕春风/你却给了我整个春天"，给人们以对老师无私教导的感念；"我原想捧起一簇浪花/你却给了我整个海洋"，给人们对同学逐兴欢谊的感怀；"我原想撷取一枚红叶/你却给了我整个枫林"，给人们以对母校温暖怀抱的感恩；"我原想亲吻一朵雪花/你却给了我银色的世界"，给人们以对教育丰厚馈赠的感奋。《感谢》诗中汪国真对母校质朴、深沉的感谢情丝，和着他瑰丽的想象、优美的语言、真诚的吐露，跳动着火热时代的教育脉搏，注脚了莘莘学子的教育眷恋。

汪国真的诗《倘若才华得不到承认》，对才华被埋没被漠视的现象，提出了"与其诅咒，不如坚忍，在坚忍中积蓄力量"的观点，认为诅咒不但无济于事，而且会让自己原有的光芒消退黯淡，会让原有的大树般巍然屹立、坚强不屈的精神沦丧殆尽。那该怎么办？唯一的办法是必须忍得住冷漠、轻视甚至屈辱，不安于宿命，坚忍地去进击，在平素的生活和学习中"默默耕耘"，充实、壮大、高光自己，让自身的星星之闪升格、腾跃为皓月之明，凭借能力和作为提升自己的地位声誉。汪国真本人也是这样，他工作之余创作诗歌，成名前曾有诗稿处处碰壁的过往，这从他的《仓促到了中年》可窥一二。回视历史，这样的实例不胜枚举。韩信出身平民，曾寄人篱下，受胯下之辱，但他钻研兵法，有深厚的兵学素养。秦末农民起义爆发后，先后投靠项梁、项羽、刘邦，均不受重用，于是逃走，被"萧何月下追"挽留，始由刘邦设坛拜为大将军，以其杰出的军事才能平定三秦，横扫魏、赵、代、燕、齐诸国，垓下之战布五军阵击破楚军，最终迫使项羽乌江自刎。就这样在纵横捭阖之间，韩信把"星星一颗"，做了连百万之军战必胜攻必取、因功封王的"一轮皓月"。康乾年间的书生吴敬梓，因生父、嗣父去世而陷入失败的家族遗产纷争，又接连遭受丧妻、亲友冷遇、科场不利的打击，伤心愤懑，背井离乡，生活困窘异常。但他仍拒不参加朝廷的博学鸿词科考试，好交文友"推为盟主"，潜心创作，苦心孤诣18年，终于完成代表中国讽刺小说高峰、在世界文学史上具开创意义的长篇小说《儒林外史》。吴敬梓的这篇杰作，连同他豪纵不羁、"卷而怀之"的人格节操，也正是汪国真诗中穿破"飘来""飘去"的云层、清辉漫洒的"皓月一轮"。

在散文《我喜欢出发》中，汪国真抒发了对"流连"与"出发"的矛盾感受，认为待在一个地方久了，"太深的流连便成了一种羁绊"，眼睛会变得狭隘，大脑会趋向生锈，心脏会长出苔藓，"绊住的不仅有双脚，还有未来"。为了不留遗憾，诗人不主张人们固守方寸之地的脚下，而要喜欢出发，即行开启有坎坷、浪涛、风沙、猛兽的征程，去领略"大山的巍峨""大海的浩瀚""大漠的广袤""森林的神秘"，去"从大山那里学习深刻""从大海那里学习勇敢""从森林那里学习机敏"，去"学着品味一种缤纷的人生"。汪国真

"怎么能不喜欢"的"出发",也给人以意味深长的教育思考——应该进行怎样的出发?王安石笔下的方仲永,无师自通,五岁就能"指物作诗",震动乡里,声名鹊起,邑人感到惊奇,有的还花钱求仲永题诗。其父认为这样有利可图,于是"日扳仲永环谒于邑人",不让他学习。仲永十二三岁时已"不能称前时之闻",年届二十则"泯然众人矣"。无疑,这被"扳"而行、四处"环谒"不是出发,而是扼杀,是对"受之天"的"通悟"之才的暴殄。与此形成鲜明对照的,是王守仁的史例:王守仁孩提名王云,五岁时仍不会说话,但其老而机敏、深谙"以仁守知"之道的祖父教他读书,令他默记,无有懈怠。十五岁时,少年王守仁出游居庸关、山海关一月之久,"纵观塞外",胸中已藏经略四方之志。后来继承发展孟轲、陆九渊的教育思想,为世人贡献了享誉至今的"阳明心学"。很显然,王守仁潜心之"读书""默记","做圣贤"之"立志","塞外"之"纵观",乃是真实行、真出发,助成了其立德、立功、立言三不朽,令人赞赏信服。"打破生活的平静便是另一番景致","就是不虚此生",汪国真立愿"用青春的热血给自己树起一个高远的目标。不仅是为了争取一种光荣,更是为了追求一种境界。目标实现了,便是光荣;目标实现不了,人生也会因这一路风雨跋涉变得丰富而充实。"汪国真这样做了,他的"我喜欢出发,愿你也喜欢"之邀莞尔真诚,无论是过去还是将来,也无论是在现象世界还是在实体世界,想必都能收到绕梁的回声。

热爱生命

我不去想是否能够成功

既然选择了远方

便只顾风雨兼程

我不去想能否赢得爱情

既然钟情于玫瑰

就勇敢地吐露真诚

我不去想身后会不会袭来寒风冷雨

既然目标是地平线

留给世界的只能是背影

我不去想未来是平坦还是泥泞

只要热爱生命

一切，都在意料中

我微笑着走向生活

我微笑着走向生活
无论生活以什么方式回敬我

报我以平坦吗
我是一条欢乐奔流的小河

报我以崎岖吗
我是一座大山庄严地思索

报我以幸福吗
我是一只凌空飞翔的燕子

汪国真

报我以不幸吗

我是一根劲竹经得起千击万磨

生活里不能没有笑声

没有笑声的世界该是多么寂寞

什么也改变不了我对生活的热爱

我微笑着走向火热的生活

感　谢

让我怎样感谢你

当我走向你的时候

我原想收获一缕春风

你却给了我整个春天

让我怎样感谢你

当我走向你的时候

我原想捧起一簇浪花

你却给了我整个海洋

让我怎样感谢你

当我走向你的时候

我原想撷取一枚红叶

你却给了我整个枫林

让我怎样感谢你
当我走向你的时候
我原想亲吻一朵雪花
你却给了我银色的世界

倘若才华得不到承认

倘若才华得不到承认
与其诅咒　不如坚忍
在坚忍中积蓄力量
默默耕耘

诅咒　无济于事
只能让原来的光芒黯淡
在变得黯淡的光芒中
沦丧的更有　大树的精神

飘来的是云
飘去的也是云
既然今天
没人识得星星一颗
那么明日
何妨做　皓月一轮

我喜欢出发

我喜欢出发。

凡是到达了的地方，都属于昨天。哪怕那山再青，那水再秀，那风再温柔。太深的流连便成了一种羁绊，绊住的不仅有双脚，还有未来。

怎么能不喜欢出发呢？没见过大山的巍峨，真是遗憾；见了大山的巍峨没见过大海的浩瀚，仍然遗憾；见了大海的浩瀚没见过大漠的广袤，依旧遗憾；见了大漠的广袤没见过森林的神秘，还是遗憾。世界上有不绝的风景，我有不老的心情。

我自然知道，大山有坎坷，大海有浪涛，大漠有风沙，森林有猛兽。即便这样，我依然喜欢。

打破生活的平静便是另一番景致，一种属于年轻的景致。真庆幸，我还没有老。即便真老了，不是有句话叫老当益壮吗？

于是，我还想从大山那里学习深刻，我还想从大海那里学习勇敢，我还想从大漠那里学习沉着，我还想从森林那里学习机敏。我想学着品味一种缤纷的人生。

人能走多远？这话不是要问两脚而是要问志向；人能攀多高？这事不是要问双手而是要问意志。于是，我想用青春的热血给自己树起一个高远的目标。不仅是为了争取一种光荣，更是为了追求一种境界。目标实现了，便是光荣；目标实现不了，人生也会因这一路风雨跋涉变得丰富而充实；在我看来，这就是不虚此生。

是的，我喜欢出发，愿你也喜欢。

（均选自汪国真：《热爱生命：汪国真诗选》，民主与建设出版社 2020 年版）

涂怀京编撰